狮山文粹

文化遗产卷

苏州高新区狮山商务创新区管理办公室 编著

苏州新闻出版集团
古吴轩出版社

图书在版编目（CIP）数据

狮山文粹. 文化遗产卷 / 苏州高新区狮山商务创新区管理办公室编著. -- 苏州：古吴轩出版社，2024.10. -- ISBN 978-7-5546-2446-3

Ⅰ．G127.533

中国国家版本馆CIP数据核字第202428TH81号

责任编辑： 戴玉婷
见习编辑： 王霁钰
装帧设计： 韩桂丽
责任校对： 张雨蕊

书　　名：	狮山文粹·文化遗产卷
编　　著：	苏州高新区狮山商务创新区管理办公室
出版发行：	苏州新闻出版集团
	古吴轩出版社
	地址：苏州市八达街118号苏州新闻大厦30F
	电话：0512-65233679　　邮编：215123
出 版 人：	王乐飞
印　　刷：	苏州恒久印务有限公司
开　　本：	889mm×1194mm　1/16
印　　张：	12.75
字　　数：	180千字
版　　次：	2024年10月第1版
印　　次：	2024年10月第1次印刷
书　　号：	ISBN 978-7-5546-2446-3
定　　价：	218.00元

如有印装质量问题，请与印刷厂联系。0512-65615370

《狮山文粹》编委会

主　　　任：沈明生
副　主　任：叶其中
委　　　员：江　强　洪　璐　徐文清　许　奇　朱卫东
　　　　　　陈　亮

《狮山文粹》编撰组

顾　　　问：夏剑华　陆　衡
组　　　长：张文献
成　　　员：（以姓氏笔画为序）：
　　　　　　朱卫东　江厚红　杜　衡　杨永忠　张文献
　　　　　　张颖婷　季卫秋　俞小康
图 文 设 计：夏剑华　俞小康
书 名 题 签：曹后灵
篆　　　刻：庄　铮
摄　　　影：（以姓氏笔画为序）：
　　　　　　朱卫东　华晓忠　吴　雪　陈　坚　季卫秋
　　　　　　俞小康

序言

狮山风流

狮子山,古称岝崿山,苏州当地人习惯称狮山。它犹如一头雄狮,昂首挺胸,傲立于京杭大运河以西的广阔天地之间。"狮子回头望虎丘"更是闻名千古的姑苏胜景。狮山不仅以形得名,更因厚重的历史、灿烂的文化而著称于世。这座承载着千年历史与文化的名山不仅是苏州城西的一道独特风景,更是这座城市的精神象征。从古至今,它一直默默守护着苏州这片热土,见证着城市的变迁与发展。如今,运河以西的苏州新区快速崛起,让狮山更显风流,逐渐成为与园区金鸡湖一东一西并驾齐驱的现代苏州两个新地标,再次引起世人瞩目。

遥想当年,狮子山下思益寺钟声悠扬,与运河畔的寒山寺交相辉映。明洪武年间彻庵大师驻锡重建,嘉靖时内阁首辅申时行早年曾在此苦读,清康熙年间又修思益寺,留下无数历史佳话。山上的石佛寺仅剩道光款"洗心泉"摩崖石刻,山下的日神土地庙都已荡然无存,但那份宁静与庄重,仍让人心生敬仰。吴王僚墓、晋代古墓群遗迹和皇妹墩,更是见证了狮山悠久的历史与深厚的文化底蕴。吴王僚,是春秋时期吴国的一位重要君主,卒于专诸行刺,他的安息之地静静地躺在狮子山的怀抱中,诉说着那段辉煌而又遥远的历史。晋代古墓群,于1976年发现,当时我还在读初中,曾懵懵懂懂地跟着大一点的孩子步行几个小时去山下看发掘。这里出土的国家一级文物青瓷魂瓶更是为狮子山增添了一抹神秘而庄严的色彩。当年宋高宗南渡,寿圣公主不幸薨逝,亦葬于狮山之南。皇妹墩之名,流传了千古。这些古墓和文物,是古人智慧的结晶,也是后人探寻历史的宝贵线索。唐代大诗人白居易曾为狮子山留下七言律诗《自思益寺次楞伽寺作》,清代乾隆皇帝亦曾登临狮山,留下《岝崿山咏事》的诗篇。这些诗文墨宝,无不彰显着狮山的文化底蕴与独特魅力。清代文人墨客们对狮子山的赞美之情也溢于言表。潘耒在《寒岩》诗中写道:"啸天狮子最嶙峋",以雄浑的笔触描绘了狮子山的壮丽景色。缪宗俨的《狮山》诗,则更是将狮子山的神韵描绘得淋漓尽致。归庄的《登岝崿山泛月归枫桥》诗,将狮子山与苏州的美景融为一体,展现了苏州的独特文化魅力。大禹引山和"狮子回头望虎丘"的传说,更是为狮子山增添了几分神秘色彩。尤其狮子回头望虎丘的传说在民间广为流传:说的是上古女娲补天时,一对狮虎争斗不止,狮虎争斗间掀翻了河里一条满载药草的小船,这船变成了一座横亘在它们之间的山(现在的何山),使它们终于停止了争斗,而这对狮虎也变成了狮山和虎丘两座山头,狮子变成了山仍心有不甘地回头看着虎丘。这些传说,不仅丰富了狮子山的文化内涵,也让人们在欣赏美景的同时,感受到了中华文化的博大精深。回首往昔,狮山见证了苏州的变迁与成长。从一片农田旷野到今日的新区繁华,狮山始终屹立在运河之西,成为苏州人心中的一座丰碑。狮子山下的苏州乐园更是留下了苏州几代人难忘的记忆。

　　1995年,苏州乐园在狮子山脚下应运而生。"欢乐世界""水上世界"这两个集娱乐、休闲、文化为一体的主题公园,不仅是孩子们的天堂,也是大人们释放压力的好去处,迅速成为了苏州乃至华东地区最有名的休闲活动场所。每当节假日,苏州乐园更是门庭若市,热闹非凡,人们在这里尽情享受着快乐时光。苏州乐园的成功,不仅为苏州和周边城市的人们提供了更多休闲娱乐的选择,也为狮子山注入了新的活力。然而,狮子山的魅力并没有停留在昨天的辉煌与它曾经炙手可热的休闲娱乐上。随着新区开发建设的不断推进,狮山商务区初现雏形,苏州乐园也完成了它最初"导向人流"的使命。我亲历了苏州乐园建设、运行和将乐园从运河畔的狮山迁往太湖畔大阳山的过程。乐园的西迁,也为狮山腾出了更加广阔的发展空间。更重要的是,它承载着苏州人民对美好生活的向往和追求。在狮山的见证下,苏州高新区一代又一代人继续传承着开发初期团结拼搏,负重奋进的优良传统,不断创造着新的辉煌与奇迹。如今的狮子山,已不再是过去那座孤寂的小石山。它的周边早已被现代化的建筑所环绕,但狮子山依旧保持着那份古朴与宁静。每当旭日初升和夕阳西下时,狮子山便披上了一层金色的外衣,显得格外庄重而神圣。

　　狮子山,早已焕发出新的生机与活力。狮山文化广场在昔日的苏州乐园基础上应运而生,迅速成为现代苏州的新地标。苏州博物馆西馆、狮山悦蓉庄等建筑的崛起,为苏州城增添了一道道靓丽的风景线。正在建设中的大剧院、科工馆等项目,更是让人期待不已,它们将进一步提升狮山的文化品位和影响力,成为现代苏州矗立于大运河畔的新名片。站在狮子山之巅,向东俯瞰整个苏州城,在这片土地上生长,又曾经作为建设者和决策者之一的我,心中不禁涌起一股豪情。京杭大运河将古城和新区一分为二,中间隔着古城,东边的园区东方之门与新区的狮子山遥相呼应。近看整个新区,只见高楼林立,车水马龙,向西可见科技新城和浩瀚的太湖。而脚下的狮山犹如一颗璀璨的明珠,镶嵌在运河以西的这片繁华的土地上。每当夜幕降临,华灯初上,狮山便更显妩媚动人。这里的那份宁静与庄重,与周围的现代气息相得益彰,让人流连忘返。苏州这座古老而又年轻的城市,也因为古城保护和东园西区的建设而以其独特的魅力越来越吸引着世界的目光。而狮子山,作为苏州的一张古老而崭新的名片,继续为这座城市增光添彩,让更多的人了解苏州、爱上苏州。

　　狮山风流,今昔交辉,不仅承载了千年历史的厚重,更谱写了今朝繁华的新篇章。狮山风流,不仅是因为它的历史与文化,而在于它的现在与未来,更在于它的包容与创新。狮山的风流,还在于它的人文精神。苏州的开放包容,苏州人的勤劳智慧,从古至今创造了一个又一个奇迹。从古思益寺和历代遗迹到苏州乐园的崛起,再到狮山文化广场的建设,都凝聚了历代无数人的心血和汗水。这种人文精神,是狮山风流的重要组成部分,也是它得以长盛不衰的根源所在。站在时代的交汇点,我们得以窥见狮山从古至今的沧桑巨变,让我们越来越感受到那份深沉而又热烈的风流。狮子山今昔,见证了苏州的沧桑与辉煌。狮山仍将继续书写它的风流与传奇。随着新区建设的深入和文旅融合的发展,狮山将会以更加璀璨的姿态展现在世人面前,成为苏州乃至全国的一张靓丽名片。让我们共同守护这座古老的山峰,让它继续诉说着苏州的故事,传承着苏州悠久厚重的文化。让我们共同期待狮山的未来,相信它将会带给我们更多的惊喜和感动。我也坚信,狮子山和虎丘这两座山丘将继续守护着苏州这片热土,见证着这座城市更加美好的未来。而我们的子子孙孙也将继续传承和发扬狮子山所代表的精神,为苏州的繁荣发展贡献自己的力量。

作者系苏州高新区原党工委委员、管委会副主任,政协党组副书记、副主席,作家、文化学者,大学兼职教授。

前　言

狮山商务创新区位于苏州古城西部、千年运河之畔，是苏州高新区三大功能片区之一，行政区域面积65.3平方千米，户籍总人口21.6万人，常住人口约41.2万人。下辖狮山、横塘、枫桥3个街道，25个社区。2019年，为抢抓长三角一体化国家战略机遇，在狮山街道、横塘街道全域设立狮山商务创新区，2020年10月获省商务厅批复。2021年3月，枫桥街道整体纳入，一同组成狮山商务创新功能片区，实行"功能区+街道"协同运行机制，功能区主要承担经济发展职能，街道主要承担社会治理职能。

狮山、横塘、枫桥，一个个古老的地名，蕴含着深厚的吴地文化记忆；让生活在这片土地上的人们，在改革创新之路上，焕发出古韵今风的文明之光。

狮山商务创新区，历史文化积淀丰富，山水风物清嘉。境内的狮子山、高景山、支硎山、寒山、上方山等名山林立，运河、胥江、石湖、枫津河等河网交织，是典型的江南山水之地，也是历代文人墨客歌咏的风雅之地。

新石器时期，作为太湖流域的核心区域，石湖越城遗址、高景山遗址、星火村遗址等，出土了许多史前文化的陶器、石器等文物。足以证明，5000多年前的先民们已经在这里傍山而耕，临水而猎，用勤劳的双手，创造了辉煌的农耕文明；是史前江南的鱼米之乡，也是吴文化的发祥地之一。

西周早期，泰伯奔吴，断发文身，建立勾吴国。春秋时期，作为当时吴国的中心区域，境内有吴王率众臣贺重九的贺九岭，吴王答谢群臣的谢宴岭等吴文化的历史遗迹。史书记载，吴王僚葬于狮子山，孙武子旧宅在孙家桥等。20世纪80年代，何山出土了一批春秋时期的青铜器，器物上的纹饰和铭文，凝聚着吴楚文化的渊源。这些历史文化遗存，大大地丰富了区域内的历史文化底蕴。

公元前221年，秦始皇统一中国。狮山创新区的区域隶属会稽郡吴县，境内的射渎，相传是秦始皇南巡时，在吴地留下的文化遗迹。

三国两晋南北朝时，释道之风渐兴，名士何充及后裔何求、何点隐居何山；名僧支遁居支硎山建中峰寺，推广禅茶一味之风。狮子山晋代傅氏家族墓群出土的系列青瓷，生动地再现了两晋时期狮山人家的江南日常生活。

隋唐时期，京杭大运河贯通境内，南北文化交流昌盛。隋行军总管杨素平定苏州，治所迁移至石湖。运河沿线的枫桥和横塘等村落，逐渐发展成江南小镇。唐代的大诗人李白、白居易、韦应物、刘禹锡等，均在境内留下了动人的诗篇。张继路经枫桥时，写下了经典名篇《枫桥夜泊》。

宋元时期，苏州经济文化空前繁荣，境内文人辈出。贺铸退隐横塘，留下了"凌波不过横塘路"的千古绝唱。范成大归隐石湖时所著的《吴郡志》，是研究苏州历史的重要史志。境内的山山水水成了无数文人墨客的探古访幽之胜地，向往的归隐读书之处。

明清时期，苏州的经济文化引领全国，区域内也是繁荣昌盛。枫桥是当时南北汇集的商业重镇，拥有全国最大的米豆市场，当时还专门设了"枫斛"，作为官方统一的度量衡，也是"评弹之乡，丽调发源地"。横塘，作为苏州水路要津的交汇之地，也是能工巧匠的集散之地，明代制玉大师陆子冈的制玉工坊就在横塘镇。

苏州西部的湖光山色，是明清文人登临赏游之地，王宠、陆治、赵宧光等一批文人雅士就居住在境内；也是历史上帝王巡游时的休闲游乐之地，如清代康熙、乾隆两位皇帝多次南巡苏州，足迹遍布花山、寒山、支硎山等地。

丰富的乡邦历史文化遗产，是不可或缺的地方文化资源。习近平总书记指出："历史文化遗产不仅生动述说着过去，也深刻影响着当下和未来；不仅属于我们，也属于子孙后代。保护好、传承好历史文化遗产是对历史负责、对人民负责。"

狮山作为苏州高新区开发建设的起锚地，在快速发展经济建设的同时，始终把文化建设、文化传承融汇于一体。编撰《狮山文粹·文化遗产卷》一书，旨在深挖本区域的历史文化，梳理历史文脉，成为研究本区域历史文化的重要文献资料；进一步提升全区域人民的文化自信，丰富全社会历史文化滋养，让文化之根永续，历史记忆长存。

目 录

序言　狮山风流　周伟芪

前言

第一章　出土文物

陶釜　|002
陶四口器　|003
红陶盉　|004
灰陶壶　|005
灰陶尊　|006
白玉玦　|007
石钺　|008
石耘田器　|009
陶拍　|010
印纹硬陶罐　|011
原始瓷碗　|012
陶纺轮　|013
原始瓷盖碗　|014
玉印　|015
楚途盉　|016
青铜鼎　|017
青铜缶　|018
青铜戈　|019
青铜簠　|020
青铜匜　|021
青铜軎辖　|022
铜"曹"字铭规矩镜　|023
铜神兽人物镜　|024
越窑青瓷楼阁式堆塑罐　|025
青釉瓷耳杯及承盘　|026
青瓷狗圈　|027
青瓷簋　|028
青釉瓷鸡笼　|029
青瓷牛厩　|030

越窑青瓷兔形水注 ｜031

青瓷扁壶 ｜032

青釉瓷灶 ｜033

青瓷鐎斗 ｜034

垂权形四面篆刻铜印章 ｜035

滑石猪 ｜036

陶人俑一组 ｜037

灰陶马一组 ｜038

灰陶墓志 ｜039

生肖陶俑 ｜040

三彩小扁壶 ｜042

青釉六楞花口碟 ｜043

酱色釉六楞葵口碗 ｜044

玉环 ｜045

青瓷执壶 ｜046

青瓷粉盒 ｜047

陶贯耳壶、陶炉 ｜048

影青狮象烛台 ｜049

龙泉窑青瓷瓶一对 ｜050

龙泉窑青瓷盏托一对 ｜051

龙泉窑青瓷炉 ｜052

龙泉窑青瓷斜腹碗 ｜053

宋元佛像 ｜054

玉带钩 ｜055

玉饰 ｜056

何山陈氏墓志铭 ｜057

鼻烟壶 ｜058

玉簪 ｜059

第二章　文化遗址

越城遗址 ｜062

治平寺遗址 ｜064

横山石室土墩 ｜065

花山石室土墩 ｜066

皇妹墩土墩 ｜067

支硎山石室土墩 ｜069

茶店头遗址 ｜070

顾野王墓 ｜072

治平寺古井 ｜073

楞伽寺塔 ｜074

魏了翁墓 ｜076

范成大祠 ｜077

申时行墓 ｜079

章焕墓 ｜080

寒山摩崖石刻 ｜083

狮子山摩崖石刻群 ｜086

渔庄农圃堂 ｜087

越城桥 ｜088

行春桥 ｜091

翠岩寺遗址 ｜092

十里亭 ｜094

渔庄 ｜095

彩云桥 ｜096

烈士陵园 ｜097

第三章　历代书画

唐寅《农训图》 ｜100

王宠《石湖八绝句录
　　呈子传尊兄郢政》 ｜101

沈周《支硎遇友图》 ｜102

沈周《茶磨屿图》　|104

文徵明《石湖烟水诗卷》　|105

文徵明《石湖图》　|106

文徵明《横塘图》　|107

蓝瑛《枫桥西山图》　|108

陆治《石湖图卷》（局部）　|109

文伯仁《横塘雨歇图卷》　|110

陆治《支硎山图》　|112

文嘉《石湖秋色图》　|113

徐扬《姑苏繁华图之狮子山》（局部）　|114

黄宾虹《支硎山秋色图》　|116

韩干《神骏图》　|118

第四章　山水人文

狮子山　|122

皇妹山　|126

何山　|130

高景山　|134

支硎山　|138

寒山　|146

花山　|150

鹿山　|154

贺九岭　|158

上方山　|162

茶磨屿　|166

横山　|170

石湖烟雨　|176

运河流芳　|182

后　记　|189

一 出土文物

陶釜

马家浜文化　现藏于苏州吴文化博物馆

高8.5厘米，口径11.1厘米。苏州石湖越城遗址出土。

夹砂红陶质，敛口外卷沿，束颈扁鼓腹，圜底近平，腹部附加一圈锯齿状腰沿。整器系手制成型，表面打磨较光亮，腰沿齿系指按，下腹局部有烟炱痕。釜为炊器，其功能和原理类似于今天的砂锅。

马家浜文化分布于环太湖地区，年代距今约7000—5800年，与同时期分布于宁绍平原的河姆渡文化隔钱塘江相望，是环太湖地区最早的一支新石器时代考古学文化。除越城遗址，浙江嘉兴马家浜、桐乡罗家角，江苏吴县草鞋山、宜兴骆驼墩，江阴祁头山、张家港东山村，上海崧泽等均是已发掘的马家浜文化代表性遗址。其陶器流行夹砂、夹炭，陶色以红、黑为主，器型以各式带腰沿和鋬首的釜、带把杯、三足盉、多边形宽沿盘、罐形鼎、双鼻耳罐、喇叭状圈足豆等最具特征。该件夹砂红陶釜正是马家浜文化的典型陶器。

陶四口器

马家浜文化　现藏于苏州吴文化博物馆

高6.6厘米，底径9.8厘米，杯口径3.8—4.1厘米。苏州石湖越城遗址出土。夹砂红陶，上部为四个筒形杯状口，下部连为一平底器，俯视四杯状口中间有一孔，自上至下贯穿平底。器型独特，较为少见，具体用途不明，发掘者认为可能属贮水器。

红陶盉

松泽文化　现藏于苏州博物馆

残高16厘米。苏州石湖越城遗址出土。

泥质红陶。口残，细长颈，圆肩，鼓腹，平底，腹部有一扁把手。陶盉是新石器时代的一种陶器，主要为温酒器或盛水器。

崧泽文化是以太湖流域为主要分布中心的新石器时代中晚期文化，距今约6000—5100年，是太湖流域史前序列中介于马家浜文化和良渚文化之间的一支文化。最早发现此类遗存的是上海青浦崧泽遗址，崧泽文化因此得名。

灰陶壶

崧泽文化　现藏于苏州博物馆

腹径8.5厘米，高8厘米。苏州石湖越城遗址出土。

泥质灰陶，手制轮修。圆唇，小侈口，细高颈，折肩，折腹，腹壁斜直，平底。折肩、折腹部饰草叶状压划纹，上腹部刻划成组纹饰。

005

灰陶尊

良渚文化　现藏于苏州博物馆

腹径11厘米，高10厘米。苏州石湖越城遗址出土。

泥质黑衣灰陶，轮制，器壁厚仅2毫米。小侈口，高颈，扁腹，矮圈足。口边有贯耳一对，圈足上有长方形横孔五个，具有良渚文化双鼻壶的特征。

白玉玦

良渚文化　现藏于苏州博物馆

○ 直径4.8厘米。苏州石湖越城遗址出土。玉玦为玉质圆环小饰件。质料为玉髓，白中微黄，略有斑点，玦口断面不齐，截面略呈椭圆形。

石钺

良渚文化　现藏于苏州博物馆

长17厘米。苏州石湖越城遗址出土。

磨制。平面梯形，平顶，圆刃，穿孔较大，两面对钻。斧和钺的区别在于斧刃较钺刃为窄，钺刃较宽大，呈弧形，似新月。石钺的前身是作为生产工具的石斧，后来演变为武器，最后成为象征权力和威严的礼器，多为酋长、部落首领使用。

石耘田器

良渚文化　现藏于苏州博物馆

宽13.6厘米，高8.3厘米。苏州石湖越城遗址出土，石质细腻，形态扁薄轻巧，最厚处仅0.4厘米。刃部呈马鞍形，明显经过精细打磨，仍较锋利。背上的圆孔可在使用时安装木柄或竹柄。器身两面有明显的摩擦痕，是反复使用后留下的。

陶拍

马桥文化 现藏于苏州吴文化博物馆

高5.2—7.5厘米。苏州石湖越城遗址出土。

红陶质，呈蘑菇伞状。一副拍面为麦穗状斜纹，一副拍面为菱格纹。

陶拍形制——拍面和鼻制握柄。陶拍是制作陶器的常用工具，用来拍打泥坯，可使泥坯接缝弥合，质地变得紧密牢固，同时留下美丽的纹饰。

陶拍中的图纹印记既是客观存在的美术现象，又是主体观念的表现，展示了当时密切的文化交流和可贵的共享精神，有着一脉相承的艺术发展逻辑。

印纹硬陶罐

春秋　现藏于苏州市考古研究所

口径11.2厘米，底径15厘米，最大腹径18厘米，高10.3厘米。苏州枫桥观音山东周石室土墩墓出土。

侈口，矮颈，鼓肩，弧腹，大平底。肩部至器底依次拍印菱形纹—回字纹—菱形纹—回字纹的组合纹饰。

原始瓷碗

东周　现藏于苏州吴文化博物馆

口径10.5厘米，底径6.4厘米，高4.1厘米。苏州枫桥观音山东周石室土墩墓出土。口微敛，扁弧腹，矮圈足。通体施深绿色釉，釉层大都剥落。上腹部有几道细弦纹，底部有篦状刻划纹。

陶纺轮

东周　现藏于苏州吴文化博物馆

直径3厘米，孔径0.5厘米，高2厘米。苏州枫桥观音山东周石室土墩墓出土。菱形算珠粒形。泥质黑陶。中部起脊并逐渐向上下两端内收成平面，即为轮面，中心有一孔贯穿。陶纺轮使用时，在圆心孔上插入木柄或骨柄（捻杆或锤杆），构成一个简单的纺线工具。纺轮是最原始、最早的纺纱工具，对中国服饰文化产生了重大的影响，促进了文明的进步与发展。

原始瓷盖碗

东周　现藏于苏州吴文化博物馆

口径11.3厘米，底径6.8厘米，通高5.5厘米。苏州枫桥观音山东周石室土墩墓出土。子母口，器形略有变形，有盖，盖面中心有钮，周边饰细绳纹。

玉印

东周　现藏于苏州市考古研究所

长1.4厘米，宽1.3厘米，高1.1厘米。2010年苏州高新区枫桥观音山出土。

灰白色，覆斗形，钮部有一穿孔，印面篆刻阴文「贾」字。

楚途盉

春秋　现藏于苏州吴文化博物馆

通高25.2厘米，口径20.5厘米，重4105克。1980年苏州高新区枫桥何山东周墓出土。

铜制。直口，扁鼓形腹，兽面膝蹄足，整龙形提梁。前带夔龙首流，后设夔龙尾形把。圆盘形盖，上立一环钮，有链条两节与提梁相接。盖面饰回纹，腹部饰细密的蟠螭纹，并饰有划纹的凸棱两周。盉肩部有篆书铭文一行八字：『楚叔之孙途为之盉』。

盉为古代青铜酒器，大腹敛口，前有长流，后有鋬，有盖，下多为三足，盛行于殷代及西周初期。王国维《说盉》有曰：『（盉乃）和水于酒之器，所以节酒之厚薄者也。』这一件春秋时期的青铜盉，应为楚国的酒器，主要用来盛酒、倒酒、温酒等。铭文所记，表明此器最初的主人应为楚国贵族。何山出土的楚器，可能是吴国军队的战利品。该盉制作极精，是春秋楚国铜器的代表性作品，也是研究吴楚战争的一件生动的实物例证。

青铜鼎

东周　现藏于苏州吴文化博物馆

通高25厘米,口径21.6厘米,盖组直径8厘米。苏州高新区枫桥何山东周墓出土。

有盖,直口有子扣,鼓腹,圜底,直附耳,兽面纹膝蹄足。鼎耳以分铸法铸就后嵌入。盖顶有六柱圆圈状钮。盖部正中饰回纹,腹部带饰有划纹的凸棱一周,盖周围、附耳及鼎腹部均饰有十分规整细密的蟠螭纹。鼎腹下有烟炱,应是实用器。

青铜缶

东周　现藏于苏州吴文化博物馆

通高39.5厘米，口径22厘米，底径18厘米。苏州高新区枫桥何山东周墓出土。

折沿，广肩，鼓腹，收胫。肩部有两个兽面耳。器盖顶上，有六柱圆圈状钮，柱作蛇头状，衔住圈钮，盖及肩腹部均饰蟠螭纹，盖部有五个隆起的圆饼形堆饰，腹部有圆饼形堆饰八个，对称排列。此器破残情况较严重。

这件青铜缶可能为楚式浴缶，浴缶是古代用来盛装液体的器具。

青铜戈

春秋　现藏于苏州吴文化博物馆

通长23厘米，援长16厘米，胡长11厘米，内长7厘米，重307克。1980年苏州高新区枫桥何山东周墓出土。

馆藏有青铜戈3件，分2式。此为1式2件。长胡3穿，援部中间起脊，援和阑侧的夹角为105度，胡部有梯形穿孔3个，援顶有一孔，内上也有一长方形穿孔，饰划纹。

青铜簠

东周　现藏于苏州吴文化博物馆

通高19.6厘米，口边长30×22厘米，重4550克。1980年苏州高新区枫桥何山东周墓出土。

直口，直腹，折收胫，曲尺形足，两端设象鼻式器耳。口沿及器足各饰回纹一道，器身遍饰细密的蟠螭纹。器身口沿部设有对称的四个小铺首，以卡住器盖。

青铜匜

春秋　现藏于苏州吴文化博物馆

长19厘米，宽17.5厘米，高11厘米，流长4.5厘米。苏州高新区枫桥何山东周墓出土。

平底，尾部高起，瓢形。前端有兽头形流，后尾部有把手，便于手持。口沿下饰蟠螭纹一道。《说文解字》曰：『匜，似羹魁，柄中有道，可以注水，也声。』《仪礼·特牲馈食礼》中记事尸之礼，也有沃盥的礼节，盘匜配套使用，匜在上挹水下注，盘在下承接盥洗脏水。古人祭祀、宴飨、举行婚礼、葬礼时都有沃盥之礼，有尊贵、洁净的含义，而匜在这种礼节中的功能是注水。

青铜軎辖

东周　现藏于苏州吴文化博物馆

长8.6厘米，顶端边长1.9厘米，末端直径9.4厘米。苏州高新区枫桥何山东周墓出土。

器身呈十棱柱体，体中空，壁较厚。顶端端面呈十边形，端面密饰蟠虺纹，填以细密的斜划纹，纹样相互缠绕。末端面铸有圆孔，端面呈环形，器表中部有一道金箍。器体末端两侧开有方孔，与器体中空相通，两方孔内镶有活动的丁字形铜辖，铜辖两头均开小方穿孔。器物虽小，结构复杂。

軎，音同"卫"。軎、辖为古代车马器当中的重要部件。軎多为铜制，大体为圆柱形，也有多边棱柱形。纹饰随时代的发展，与当时其他青铜器上流行的纹饰大体相同。车軎处于车轴的末端，一端挨着车毂，为制毂之用，防止车毂从车轴外侧脱出，同时也具备一定的装饰性。车軎上近毂一端会开一长方形的孔，用于安置车辖。车辖与车軎配套使用，不仅能够固定车軎，还承担一部分控制车毂的作用。车辖有木制、铜制和仅有辖首为铜制的木键车辖几种。

铜『曹』字铭规矩镜　汉　现藏于苏州博物馆

直径13.5厘米。苏州市横塘镇新丰桥出土。

圆钮,柿蒂纹钮座。钮座外有方框,外围八枚乳钉,主纹饰为T、L、V三种符号组成的规矩纹,四周饰鸟兽,并有一『曹』字铭文。内区外为铭文一周,以及短线纹、三角锯齿纹各一周,外圈为云气纹。

铜神兽人物镜

汉　现藏于苏州博物馆

● 直径13.5厘米。苏州市枫桥镇开山五队汉墓出土。

圆钮，矩形钮座。四枚乳钉将铜镜分为四区，其中两区饰人物，另外两区饰鸟兽纹。边缘饰短线纹外接三角锯齿纹。

汉代铜镜多以四乳钉为基点，将镜背分为四区，其间饰以主题纹饰。地纹逐渐消失，主纹明显而突出。铜镜的铭文地位逐渐提高，且成为铜镜纹饰的重要组成部分。

越窑青瓷楼阁式堆塑罐　西晋　现藏于苏州吴文化博物馆

通高46.5厘米，腹径24.7厘米。苏州高新区狮子山西晋墓出土。整器分为盖、体两部分。盖底方形，上堆塑一组庄园建筑。瓶颈部两重宽檐把堆塑分为上下两层，上层等距离围塑四只小罐，以两小熊作檐柱，六只飞鸟与其上，下层门屋各二间，以熊形动物作支柱，前后屋两侧分别堆塑佛像两组，每组四人。罗宗真先生在《魏晋南北朝考古》中提到堆塑罐可分为楼阁庭院式、谷仓式、庙宇式以及丧葬礼仪式等四种类型，不同形式有不同的形象贴塑与素材布局，所以题材更为丰富多样。

当时社会「事死如生」的观念使人们相信生前和死后的世界是有必然联系的，生前生活的环境和享受的物质生活在死后也能在另一个世界重现。堆塑罐就是这样的一个媒介。堆塑罐又称「魂瓶」「谷仓罐」，源自汉代五联罐，是三国至宋元时期主要流行于浙东、浙北、皖东南和苏西南地区的随葬明器。

青釉瓷耳杯及承盘

西晋　现藏于苏州吴文化博物馆

通高3厘米，口径18.8厘米，底径14.5厘米。苏州高新区狮子山西晋墓出土。

盘斜腹，平底，内底饰两周弦纹。耳杯整体呈椭圆形，两端微翘，两侧有半月形双耳。耳杯及承盘皆施青釉，釉色微黄；承盘底部不施釉，露红褐色胎。

耳杯又名羽觞。最早见于楚辞《招魂》：「瑶浆蜜勺，实羽觞些。」王羲之的《兰亭集序》"引以为流觞曲水，列坐其次。虽无丝竹管弦之盛，一觞一咏，亦足以畅叙幽情。"可见耳杯与当时的宴饮文化息息相关。耳杯可能是古代盛酒的器皿，还可能是盛放汤羹或其他食物的器具。

青釉瓷耳杯一般装在承盘里，由盘及数量不等的耳杯组成，根据客人的数量决定耳杯的数量，用承盘端青釉瓷耳杯给客人。

青瓷狗圈

西晋　现藏于苏州吴文化博物馆

高5.2厘米，口径15厘米，底径10厘米。苏州高新区狮子山西晋墓出土。

钵形，平底，腹部饰弦纹，内底饰细密的弦纹。钵内塑昂首狗一只，作卧伏状，尾巴上翘。通体施青釉，底露红褐色胎。

三国魏晋时期祭祀及墓葬多以犬状器物作陪，主要是因为犬具备降妖除魔、守护墓主的本质特征，以及忠义耿直、与人为善的良好品格。

青瓷簋

西晋　现藏于苏州吴文化博物馆

高13.4厘米，口径23.5厘米，足径14.8厘米。苏州高新区狮子山西晋墓出土。

侈口，圆唇，扁鼓腹，高圈足外撇。口沿下饰弦纹和斜方格环带纹，腹部贴塑一对互相对称的铺首衔环。通体施青色透明釉，釉面匀薄，略带细微的冰裂纹。圈足底部不施釉处露米灰色胎。该簋造型古朴，青釉莹润葱翠，是西晋青瓷中的代表作品。

簋是商周时期用来盛放食物的器皿。在桌子和凳子尚未发明的年代，人们设宴时，往往席地而坐，在席子上放上盛满食物的簋，直接用手从里头取食。在商周时期，簋还是重要的礼器。在祭祀和宴飨时，它和鼎配合使用，有一套完整的制度，标志着贵族等级的高低。

青釉瓷鸡笼

西晋　现藏于苏州吴文化博物馆

长16.2厘米，宽10.2厘米，高6.8厘米。苏州高新区狮子山西晋墓出土。

鸡笼呈半圆柱形，置于长方形底座上。笼身分两排，镂井列的长条形孔，正面开两个方形孔，作喂料口，一口中置一只卧伏的鸡。整体施青釉。

《山海经》记载：「鸡山，其上多金，其下多丹雘。」《韩诗外传》认为鸡有五德：「头戴冠者，文也；足傅距者，武也；敌在前敢斗者，勇也；见食相呼者，仁也；守夜不失时者，信也。」随着历史的发展，进入汉、六朝，鸡的形象被越来越多地运用到陶瓷器上。《太平御览》里有记载：「黄帝之时，以凤为鸡。」民间也常把鸡唤作「凤」。「鸡」音同「吉」，有吉祥如意的寓意。

青瓷牛厩

西晋　现藏于苏州吴文化博物馆

高9厘米。口径13.8厘米。苏州高新区狮子山西晋墓出土。

圆筒形。圆唇，直壁，平底。圆形栏厩，镂十五条长方形孔，栏边饰斜方格纹划纹。开一口，作喂料口，厩内塑牛一只，作卧食槽旁。尾下垂，一耳竖直，一侧转，犹如正在反刍，形态逼真。器表施青釉，釉层润泽，底部露褐红色胎。

该厩造型古朴，釉色清新，玻璃质感强，是西晋时期青瓷的典型之作。

越窑青瓷兔形水注

西晋　现藏于苏州吴文化博物馆

高6.1厘米，口径1.9厘米，底径4厘米。苏州高新区狮子山西晋墓出土。

器作扁圆体，兔形，圆目，竖耳，人字形嘴，短尾，四足屈缩作卧伏状。背部有圆柱形口。器表施青釉。

水注是青瓷文房用具之一，用以贮水，以供研墨时用。兔形水注在三国西晋越窑青瓷中较为多见，是取玉兔团圆吉祥之寓意。此水注造型别致，工艺精湛，青釉晶莹明亮，采用了堆贴、塑捏、刻画等多种手法，体现了越窑青瓷制作的高超技艺。

青瓷扁壶

西晋　现藏于苏州吴文化博物馆

高25.8厘米，口径5.4厘米。苏州高新区狮子山西晋墓出土。

扁壶，是古代盛水或者盛酒的器物。因便于携带，不仅作为人们的日常生活的用具，还是古代将士行军打仗的必备之物。此壶器身扁圆形，唇口饰一道凹弦纹，肩部以菱形和圆珠形纹饰装饰。前后腹以圆珠纹组成鸡心状，并贴塑铺首衔环各一个。椭圆形高圈足，外撇。器表饰有茶绿色釉，器物内底露红褐色胎。整件器物浑然一体，釉色莹润，制作精良。

青釉瓷灶

西晋　现藏于苏州吴文化博物馆

通高14厘米，长20.8厘米，宽14.5厘米。苏州高新区狮子山西晋墓出土。

整体呈船形，尾端上翘，开一圆形排烟孔。一端开方形火膛，灶面塑可活动的两个锅。旁有一碗，高足外撇，底部有九个小孔，碗内置一勺。通体施青釉，有脱釉现象。

灶体造型由最初的长方形逐步改进为椭圆形、鸟形、船形等形状，是为了增大灶膛的接触空间，利用冷热空气的对流回旋，使得柴薪完全燃烧，热量得以充分利用。灶具原为人们蒸煮食物和烧水用的设备，在古人「事死如生」的思想影响下，后来一般作为明器随葬。

青瓷鐎斗

西晋　现藏于苏州吴文化博物馆

高6.8厘米，口径9.2厘米，腹径7.3厘米。苏州高新区狮子山西晋墓出土。

整体分两部分，上为盘形，口沿外侈，平底，口沿及腹部饰弦纹。盘的一端连长条形柄，底面有三足。通体施青釉，存在剥釉现象。

三国—西晋时期陶瓷鐎斗在东南沿海地区的江浙一带大量出现，可见在当时当地陶瓷鐎斗呈流行之势，另外南方地区这一时期的陶瓷鐎斗也有少量发现。青铜鐎斗一般为军旅炊器，陶瓷鐎斗的实用性较弱。青瓷鐎斗可能是特定历史时期、特定地域文化背景下，短期流行的一种仿实用鐎斗的专用明器。

垂权形四面篆刻铜印章　晋　现藏于苏州博物馆

印面2×2厘米，高3.3厘米。苏州高新区狮子山晋墓出土。铜质，垂权形四面方印，侧面均有瘦长篆文。篆书印文，印面为『张益期』，纽面为『白记』，四侧分别为『臣益期』『张益期白笺』『张益期白事』『益期言疏』。

滑石猪

晋　现藏于苏州博物馆

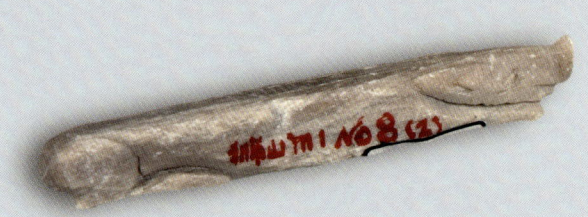

长7.8厘米、8.2厘米。苏州高新区狮子山晋墓出土。

滑石，是一种非金属的硅酸盐矿物原料，石质比较柔软，硬度较低，易于雕刻，雕刻较为写实，是晋墓中比较常见的陪葬品。这两件滑石猪反映出苏州地区当时土地肥沃，生活比较富裕，农业生产力水平相对先进。在保障人的粮食供给的前提下，有多余的资源饲养家畜。

陶人俑一组

唐　现藏于苏州吴文化博物馆

陶人俑，一组三件。牵马胡人俑高32厘米。苏州高新区枫桥姚桥头唐纪年墓出土。

高鼻深目，络腮胡。戴幞头，着开襟上衣，束腰，脚穿高筒尖头靴。左手握拳作牵马状，右手似作持鞭状。胡女俑高28.5厘米。通体涂白灰。面部丰满，高鼻深目，发髻下垂。着圆领短衫，束腰，衣结在前，衣裙齐膝，穿尖头高筒靴。双手在右胸持物。男侍俑高30厘米。戴幞头，着圆领长袍，束腰，紧腰。面部饱满，身体微前倾，两手作揖，作侍候状。

灰陶马一组

唐　现藏于苏州吴文化博物馆

灰陶马一组，四件。苏州高新区枫桥姚桥头唐纪年墓出土。出土时均有残损。马腹腔里留有指印，四肢断残处有铁支架外露。通长43厘米，泥质灰陶，表面以白灰打底，涂红彩，直立勾首状，头部较小，头顶至颈部塑鬃毛，尾较短，马背上有鞍具。

灰陶墓志

唐　现藏于苏州吴文化博物馆

■ 长31厘米，宽32厘米，厚6.5厘米。苏州高新区枫桥姚桥头唐纪年墓出土。略呈正方形。正面阴刻楷书7行，书刻粗犷，共45字。全文为「唐故张府君及妻沈夫人墓志。府君讳文，吴郡人，夫人吴兴人。以天宝二年八月十八日，葬于先茔，礼也。有子四人。」墓志背面模印图案纹饰，分内外三组。

生肖陶俑

唐　现藏于苏州博物馆

高20.9—23.5厘米。苏州市郊横塘出土。

此为生肖俑，陶土质，塑造细腻，十分写实。俑为古代殉葬品，以木、陶质为主，随着社会的进步，替代了商周时期的人殉。生肖源于先秦时期，而关于十二生肖的完整记载最早可追溯到东汉，距今1900余年。十二生肖俑作为一种墓葬品，出现在唐代。《唐会要·葬》：「流文武官及庶人丧葬。三品以上。明器九十事。四神十二时在内园宅。」考古中发现的十二生肖的实例，最早在北魏时期，在山东临淄北魏时期崔氏墓群10号墓，出土了虎、蛇、马、猴、狗五件灰陶生肖俑。

三彩小扁壶

唐　现藏于苏州博物馆

高5.87厘米，厚3.68厘米，高7.8厘米。苏州石湖越城遗址出土。

壶口厚唇，口呈橄榄形，长颈内收，腹扁鼓，假圈足外撇，肩有二系，正、背两腹部模印兽面纹。白胎上施黄褐、绿、蓝三色釉，彩不及底，釉色明亮清澈，略有剥落。

青釉六楞花口碟

宋　现藏于苏州博物馆

高1.7厘米，口径8.5厘米。苏州高新区枫桥何山出土。

花口，侈沿，圈足内敛，呈瓜楞状。胎骨厚重坚硬。通体施青釉，釉色青粉。圈足底部有刮圈垫烧痕。装饰以朴素楞条为主。花口瓷器的造型以日用器皿为主，花口碟早期的装饰手法以刻划花为主。欧阳修有《谢判官幽谷种花》：「浅深红白宜相间，先后仍须次第栽。我欲四时携酒去，莫教一日不花开。」诗中道出宋人对花的态度。由此显示出宋代士大夫对花口瓷器的偏爱。

酱色釉六楞葵口碗

宋 现藏于苏州博物馆

高5.8厘米,口径13.4厘米。苏州高新区枫桥何山出土。敞口,腹部略有弧度,小圈足。施酱釉,胎质坚硬,造型优美。

玉环

宋　现藏于苏州博物馆

○ 直径4.3厘米。苏州高新区枫桥何山出土。

古玉器的一种，孔径大于边缘的称为「环」。此为两件，如诗云：「玉环何意两相连，环取无穷玉取坚。」一般作为饰物佩戴，古人常将其当作信物赠送给别人。

青瓷执壶

南宋　现藏于苏州市考古研究所

通高22厘米。最大腹径15.4厘米，底径7.6厘米。苏州市郊横塘谢家坟出土。

头部蒜头形，细颈，球形腹，长曲流，平底，扁带状耳形执柄。颈下刻划两道弦纹，以下刻划菊花纹。腹部主刻划两组四瓣形开光，开光内刻划花卉纹。通体青釉，釉色淡青闪黄。

宋代的青瓷执壶因为烧制工艺的进步脱离了黄褐色而涌现出青色、绿色。造型精致之外，壶体装饰开始出现刻花、贴塑、肩饰等艺术手法。宋代较长的壶流在烧制过程中依然挺立，丝毫未有形变，也说明了当时青瓷工艺的高度成熟。

青瓷粉盒

南宋　现藏于苏州市考古研究所

器身直径12.5厘米，通高5.4厘米。苏州市郊横塘谢家坟出土。

器形呈扁圆形，由器盖和器身两部分组成。通体施青釉。盒盖与盒身以子母口合，盖面中区刻画菊花两朵。

瓷粉盒，亦称香盒。它出现于唐代，历经五代，盛行于宋代。这是一种圆形带盖的盒子，常见于女性墓葬。它们是古代女性的日常生活用品，用来盛放香粉、香囊、香料等。从唐代开始，南北的各个窑口均有烧造，所以，它有青瓷、白瓷、青白瓷、青瓷褐彩等各种不同的色彩。到了宋代，它的造型出现了变化，除了大小不一的圆形，还有花边形、菱形、果形；它的纹饰有鸟纹、花卉纹、龙纹、凤纹、婴戏纹等；它的装饰手法有刻花、划花、剔花、印花、堆塑、彩绘等。粉盒或香盒造型精巧、纹饰丰富，与女性的生活、情感和审美有着密切的关联。

陶贯耳壶、陶炉

南宋　现藏于苏州市考古研究所

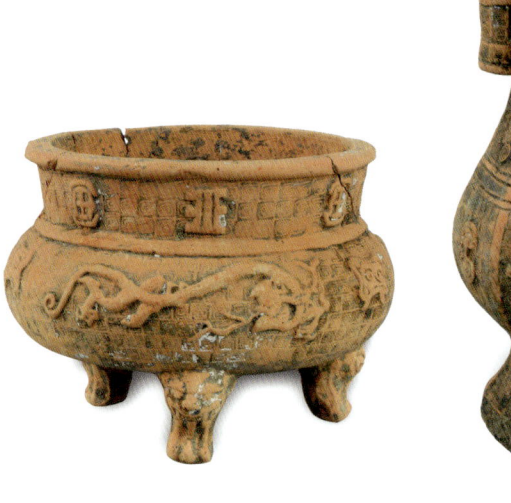

苏州市郊横塘谢家坟出土。一组三件，泥质红陶。陶贯耳壶一对，口部外圈为六边形，边长4.1厘米；圈足六边形，边长5.3厘米；通高20.6厘米。侈口，方唇，束颈，垂腹，圈足外撇，器身六棱。颈腹部纹饰分四层，以云雷纹做底纹，正中各饰主题纹饰。陶炉一件，口径11.6厘米，高10厘米。敞口，卷沿，束颈，弧腹，兽足。器身通体饰云雷纹，腹部云雷纹上另附龙纹及兽面纹。

根据文献记载，苏州曾为南宋皇室烧造过祭器。这些祭器被运往当时的临安作为太庙祭天大典的礼器，而烧造这些礼器的窑则被称为平江官窑。这一组南宋陶贯耳壶、陶炉，即为平江官窑的产品。

影青狮象烛台

元　现藏于苏州吴文化博物馆

通长13.5厘米，高13.6厘米。苏州高新区枫桥高景山元墓出土。

这是一对大小、质地相同，形态略有不同的像生瓷烛台。其中一狮作伸展昂首状，阔鼻圆眼，眼珠外突，点以黑彩。另一件作象形，站立，鼓目凝视，长鼻内卷，鼻侧外露长牙，双耳下垂。器表施青白色釉，堆塑花与座口露橘红色胎。

这对狮象烛台是元代景德镇窑采用二元配方选坯技术后的产品，采用了堆、贴、划等多种工艺，造型生动，色泽莹润。极为罕见，堪称稀世之宝。

龙泉窑青瓷瓶一对

元　现藏于苏州吴文化博物馆

 高16.2厘米，口径6.2厘米，底径6厘米。苏州高新区枫桥高景山元墓出土。

盘口，细长颈，折肩，直腹，浅圈足，颈部两侧贴饰凤形耳。器型端整大方，釉色饱满，足部未施釉。

龙泉窑位于浙江南部，瓷场分布广泛，产品丰富多样，南宋之后，成为供应海内外器用的重要窑场。

凤耳，常见于宋代龙泉窑青瓷瓶上，是龙泉窑特有的标识。这件龙泉窑凤耳青瓷瓶的双耳印纹细致，凤纹的头部及羽翅清晰可见，是元代龙泉窑的代表作之一。

龙泉窑青瓷盏托一对　元　现藏于苏州吴文化博物馆

宽13厘米，高4.6厘米，底径5.8厘米。苏州高新区枫桥高景山元墓出土。

盘形，小浅圈足，中起托杯，足稍外撇，斜弧腹，口沿较直，上下通空。其中一件表面有开片，釉色匀净，如青玉般莹润，尽显优雅。

茶盏配托是古代中国茶具的一种经典款式。

龙泉窑青瓷炉

元　现藏于苏州吴文化博物馆

高10.1厘米，口径14.1厘米，底径6.6厘米。苏州高新区高景山元墓出土。

这件龙泉窑贴花奁式香炉，以牡丹纹贴于炉壁，牡丹形象雍容华贵、典雅庄重。奁式香炉造型源于汉代的奁。宋代奁式香炉口、底直径几乎相等。元代开始，筒状腹部下部逐渐收小，器底下凹，三足逐渐上移。这件出土于墓葬的奁式香炉，三蹄足较高，口沿及底部以数道弦纹装饰，器身表面以牡丹贴花装饰，符合元代奁式炉的主要特点。

龙泉窑青瓷斜腹碗

元　现藏于吴文化博物馆

上：高5.1厘米，口径11.1厘米，底径2.8厘米。

下：高4.9厘米，口径10.7厘米，底径2.5厘米。

苏州高新区高景山元墓出土。这一对小盏，腹壁斜直，口稍向外撇呈喇叭状，小圈足，其中一件表面有开片。应为与盏托搭配使用的小茶盏。

龙泉窑位于今浙江西南部龙泉境内，已发现300余处窑址。龙泉窑烧瓷时间从宋至清，约有七八百年的历史。北宋时瓷器生产初具规模，产品主要为碗、盘、钵、盆、罐、瓶及执壶。南宋为龙泉窑发展时期，产品逐渐形成了独特的风格，器形丰富。由于熟练掌握了胎釉配方，多次上釉技术以及烧成气氛的控制，窑工们成功地烧成了粉青与梅子青釉，釉色纯正，釉层加厚，达到了青釉史上的高峰。元代龙泉瓷业继续发展，这一时期大件器物比较多，器大而不变形，反映出烧制技术的纯熟。

053

宋元佛像

宋元时期　现藏于苏州吴文化博物馆

苏州高新区高景山元墓出土。

该佛像为螺髻，修眉长目，鼻翼较小，嘴略上翘，面相丰满圆润，着通肩大衣，衣纹流畅，将双手心向上放在下腹部，把右手置于左手上，两拇指指尖相接，表示坐禅安定之意。禅定印，就是佛陀在菩提树下习道时禅思入定的象征手势。

玉带钩

元　现藏于苏州博物馆

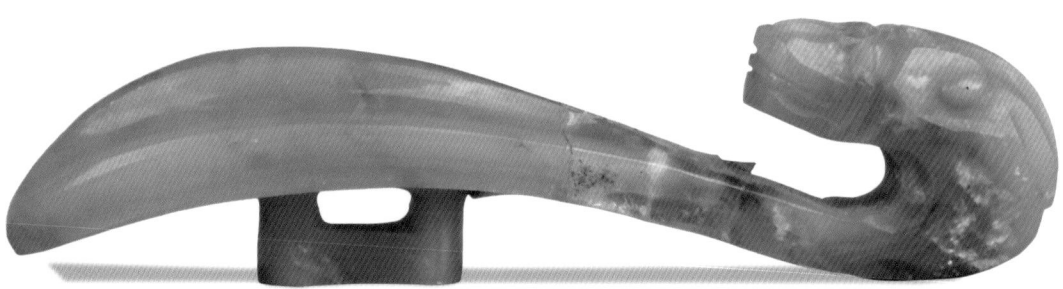

长10.4厘米。苏州高新区枫桥出土。青玉质。器作倒钩形，长把，前圆背平，钩首作兽首状。带钩起源于战国时期，是人们腰带上的饰品，起扣连的作用。它在古代就属于珍贵的物品，使用者多是当时的王公贵族和身份地位较高的人。带钩除了束腰外还可以用来挂物，配挂一些随身携带的物品，如印章、小铜镜及玉器等，也被人用来随葬或者驱邪。

玉饰

元 现藏于苏州博物馆

直径5.5×4.5厘米,厚0.5厘米。苏州高新区枫桥出土。

花状镂空玉雕,为四个玉环互相交叠,颇具立体感。该玉饰精美典雅。宋元时期是玉雕的飞跃发展期,当时已有浅磨深琢的技术。

何山陈氏墓志铭　明　现藏于苏州高新区何山

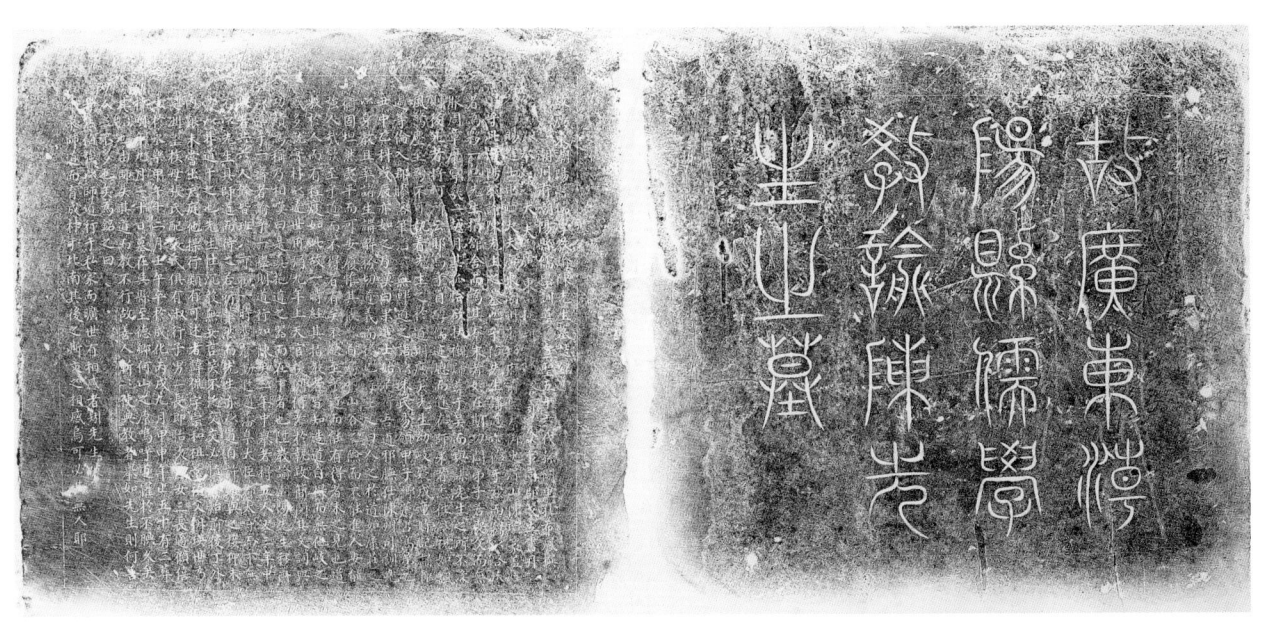

▉ 尺寸均为50厘米×50厘米。

何山北麓步行道旁有两块墓碑，是明代广东潮阳县儒学教谕陈侃墓志铭和篆盖。墓志铭上介绍，陈侃，字宗和，自小聪慧，读书一直名列前茅，后考中进士。先任陈州司训，后升潮阳教谕。生于永乐甲午（1414），卒于成化丙戌（1466），第二年葬于吴县至德乡何山之原。

鼻烟壶

清　现藏于苏州博物馆

苏州高新区横塘出土。琥珀质。直口厚唇，鼓腹，装饰颗粒纹饰，通体半透明，平底。

鼻烟壶是一种传统工艺品，它既是身份的象征，也是社交过程必需的重要物品，是一种用材广泛、西来中化、极为独特的品种。明末清初传入我国，其制作极尽精巧，多用昂贵奇异的材料，方寸之间充满文雅清趣，表现出我国兼容并蓄和中西结合的趋势。

玉簪

清　现藏于苏州博物馆

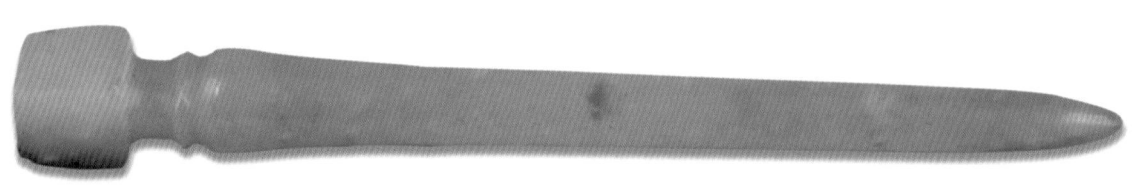

苏州高新区枫桥出土。白玉质。玉质洁白盈润，圆头束颈，整体修长。因讲究佩玉为美，所以玉质发簪为古人首选发饰。《周礼·冬官·考工记》：「天有时，地有气，材有美，工有巧。合此四者，然后可以为良。」玉饰通过玉匠的制作和人们的使用，已融入了人类生活，蕴含着一个民族的传统文化精神。

二

文化遺址

越城遗址

新石器时代—东周

越城遗址又称越王城、勾践城或黄壁山，位于苏州虎丘区横塘街道石湖东北新郭村。1956年被列为江苏省文物保护单位。

遗址原是地面之上的一个土墩，高出地面5米。然而，随着时间的流逝，加之长年累月的耕作与自然力量的侵蚀，如今仅余1.5米的高度。其南北长约450米，东西宽约400米，面积约18万平方米。遗址的西、北两面，至今仍保留着高4.5米的夯土城垣，这便是春秋末年的越城遗址。

遗址的内涵丰富，主要包括两个方面：一是春秋时越王勾践进攻吴国所筑屯兵土城城垣的遗迹，二是土城底下的大量新石器时代的文化遗存。1960年江苏省文物工作队对遗址进行了正式发掘，共开挖探方4个，发掘面积98平方米，文化层堆积厚达8米，清理出马家浜文化、良渚文化时期的墓葬10座，包含3个时代的文化遗存：上层是以几何印纹陶为特点的春秋时代文化遗存，中层是以灰陶、黑衣陶为主的良渚文化遗存，下层是以夹砂红陶、泥质红陶为特点的马家浜文化遗存。

遗址下层的马家浜文化距今约6000年，下文化层陶器，以夹砂红陶和泥质红陶为主，有宽檐釜、牛鼻耳罐、平底盉、带把壶形器和豆等。中层的良渚文化距今5500年左右。中文化层的墓葬中，随葬品较多。生产工具以有肩穿孔石斧、有段石锛、耘田器和镰为特点。陶器除炊器为夹砂红陶外，以泥质灰陶和黑衣陶为主。鳍形足和丁字形足罐形鼎、带鋬匜、宽流阔把壶、贯耳壶、竹节形豆、弦纹豆具有良渚文化的特点。钵形豆、折腹罐、盆又具有崧泽文化的特点，但泥质灰陶呈浅灰色，有别于崧泽文化。这些遗物具有崧泽文化向典型良渚文化过渡期遗物的特征。上文化层出土遗物较少，已有青铜器。陶器以几何印纹硬陶为特征，纹饰有曲折纹、席纹、梯格纹、回纹、云雷纹、方格纹等，器形有甗、圈足盘、瓿、三足盘等。灰陶三足盘曾见于寺前中层和亭村上层。时间相当于西周到春秋时代。越城遗址上层出土的是西周到战国时代的遗物。越城遗址是研究苏州地区原始文化和吴越文化的一处重要遗址。

治平寺遗址

新石器时代晚期

1982年，治平寺遗址被列为苏州市文物保护单位。

位于苏州市石湖西侧，茶磨屿东麓、上方山东麓的山坡上，即古治平寺一带，遗址（非古治平寺）东、南为石湖，西、北为横山山系。1956年调查时发现该处有古文化层暴露，1965年进行过小范围试掘。遗址范围较大，灰层较厚，东西直径400余米，南北直径300余米，灰层部分厚达2米，出土并采集到铜镞和红衣陶、细泥红陶、印纹硬陶片等新石器时代晚期文物。

横山石室土墩　夏商

该土墩位于苏州高新区横塘街道横山之上。横山山体南北走向,其中在山脊上密集分布有大量石室土墩,约有21处。这些土墩是人们凿石成室或垒石成室,然后在其上堆砌封土形成的。石室内多出土印纹硬陶器与原始青瓷等器物。这类遗存分布密集,特征明显,是夏商时期以来江南地区的典型遗存,与吴越文化有着密切关系。

花山石室土墩

夏商

该土墩位于苏州高新区枫桥街道花山。

花山山体南北走向,其中东北支脉上从顶部到山脚山脊上分布有石室土墩3座。花山石室土墩为竖穴石室土墩。

皇妹墩土墩

夏商

该土墩位于苏州高新区枫桥街道狮子山南。狮子山为独立山体,海拔114.5米。《吴地记》记载,吴王僚死后葬在吴县西12里的岞崿山,岞崿山又名鹤阜山,今名狮子山。南麓有一土墩,堆筑而成,上口东西长26米,顶部较平。

该土墩位于苏州高新区枫桥街道观音山。

观音山又名支硎山,山体南北走向,山上石室土墩横山脊或顺山脊分布。观音山土墩墓用石块堆筑的"石椁"结构、竖穴岩坑、巨大的封土堆且带有陪葬器物坑等,显示出这些墓葬属于高等级墓葬;墓葬埋藏集中,年代接近,形制统一,墓葬的形制结构、文化性质、时代特征等方面均显示出与木渎春秋古城有着密切的关系。

支硎山石室土墩 夏商

茶店头遗址

新石器时代—商周

该遗址位于苏州高新区枫桥街道高景山东北麓，原茶店头村西，现白鹤寺内。1986年被认定为苏州市文物保护单位。

遗址堆积文化层较厚，约2米。遗址地表散布很多陶器残片，曾采集到穿孔石斧、石锛、石镰以及夹砂硬陶、印纹硬陶、泥质陶等，片身拍印各种纹饰。从器物的器型来看，主要为商周时期的马桥文化遗存，但也有早到马家浜文化时期的器物。遗址面积大，年代跨度较大，遗存遗迹丰富，为进一步探索太湖流域新石器时代到商周时期的文化提供了新的线索，是苏州市区一处极为重要的文化遗存。

顾野王墓

南朝梁陈

位于苏州高新区石湖澄湾，原地名前下周村，现已被划入苏州职业大学校园内。

1963年被列为苏州市文物保护单位。

顾野王（519—581），原名体伦，字希冯，吴郡吴县（今江苏苏州）人，因仰慕西汉冯野王才学，更名野王。南朝梁陈时期，画家、文字训诂学家、史学家。他博学多才，精通天文地理、虫篆奇字，喜欢占卜、书法，又善于丹青图画，并遍观经史，与王应时并称为"二绝"。撰有《玉篇》《舆地志》《玄象表》《分野枢要》《续洞冥记》等。初仕南朝梁，为太学博士；后入陈，官至黄门侍郎、光禄卿。卒赠秘书监、右卫将军。《陈书》及《南史》中皆有他的传记。

顾野王墓占地面积50平方米，封土直径10米，高约2米。相传顾野王墓周围有5块陨石，所以人们习惯把顾野王墓称为"落星坟"。南宋范成大的《吴郡志》记载："梁顾野王墓在吴县楞伽山下，近越来溪。绍兴间，其碑石虽皴剥断裂，尚巍然植立，后为醉人推仆，石碎于地，今尚有存者。"而明卢襄《石湖志略》载："今墓上唯一巨石，可二丈许，横卧。石旁古松一株似盖，湖上望见之，即知野王坟。"

2014年，苏州职业大学对墓区进行全面整修，建成墓园。

治平寺古井 隋

位于苏州高新区上方山治平寺大殿南。据记载，隋越国公杨素平陈，迁城于山下，称新郭。时屯师众多，遂凿大井，可日饮万人，称越公井。又说井为吴王所凿，称吴王大井。南宋范成大《吴郡志》记载，越公井径一丈八尺，石栏如屏绕之，铭文不可辨。明人莫震《石湖志》记载，井栏已无，唯水一泓。后井失考。民国时李根源前往访古，见古治平寺大井一泓，定为越公井，移置青石八角井栏，题"隋开皇十年越国公杨素凿"，张一麐补书"越公井"。后加筑井亭。前些年，在离李根源认定的越公井数米远的地方，新发现一口古井。经专家初步鉴定，此井应该是明代湮没的越公井。该井内径2米有余，内壁呈圆形。外有青石制八角台体井栏，上面可见30余道绳痕，可知其存在年代久远。

楞伽寺塔
北宋

位于苏州高新区横塘上方山。今称上方山塔，寺塔相系，别具一格。塔有石记。始建于隋大业四年（608），由吴郡太守李显建、严德盛撰塔铭文。北宋太平兴国三年（978）重建，明及民国时维修，1963年进行过局部维修，2013年将整体重新加以修缮。1982年被认定为江苏省文物保护单位。

楞伽寺塔为八面七级仿楼阁式砖塔。现高约23米，塔底层边长2.4米，塔刹已残缺，近代重修时杂套成葫芦形宝顶。全塔挺拔玲珑，比例适度。各层塔室平面方位作45度错叠配置，壶门的位置亦随塔室而逐层交替，这种"错角结构"是江南宋塔特有的一种结构方式。塔底原有副阶绕，然遭废圮。无檐，第二层仅有短檐，第三层以上均有腰檐、平座。塔室为正方形，每层四面辟门，逐层交错，结构与同时代的双塔相同。塔虽经明末及民国维修，但主体结构仍为宋代遗存，现状尚称完整，是研究唐宋间砖塔演变的一处实物例证。塔下之寺原于五代梁天监二年（503）置，因佛教中有《楞伽经》而名，宋治平元年（1064）改称"治平教寺"；咸淳年间（1265—1274）改建五通祠，亦称"五圣祠"。这"五圣"是顾野王所生的五子：长盛南、次鸿南、周南、夏南、允南，皆封侯，现尚存晚清殿堂数间及明崇祯十三年（1640）《重修上方宝塔碑记》石刻一方。

魏了翁墓　南宋

位于苏州虎丘区枫桥街道支硎山中峰北岭的大禹山山坡上。1960年被认定为苏州市文物保护单位。

墓葬原先规模极大，神道长100米，有神道碑及石牌坊，现只有一个墓冢。魏了翁（1178—1237），字华父，号鹤山，邛州蒲江（今属四川）人。南宋著名学者，官至端明殿学士。因病到苏城就医，在苏城有诏赐第宅鹤山书院。于甪直镇筑罗隐庵。死于宋嘉熙元年（1237），归葬于高景山金盆坞。魏了翁的诗文造诣很深，并推崇朱熹的理学，著有《鹤山集》《九经要义》《古今考》等。

据《吴县志》冢墓门载："魏文靖公了翁墓，在高景山金盆坞，嘉熙元年葬，史绳祖撰神道碑。"后屡有兴废，清咸丰元年（1851），江苏布政使倪良耀曾为魏墓立有"先儒宋资政殿大学士，参知政事，赠太师、秦国公，谥文靖，魏公了翁墓"的七尺墓碑。后毁，1984年发现一方墓碑，碑宽75厘米，青石质，上镌"公姓魏，讳了翁……"等碑文。由此确定该墓为南宋嘉熙年间魏了翁的墓葬。

范成大祠 明

位于苏州高新区石湖行春桥畔茶磨屿下，始建于明正德十五年（1520），原名范文穆公祠，明、清两朝皆有修缮，1984年全面整修。1963年被列为苏州市文物保护单位。

范成大（1126—1193），字致能，号石湖居士，平江吴郡（今江苏苏州）人，南宋诗人，与陆游、杨万里、尤袤齐名，合称"南宋四大家"。官至参知政事、资政殿大学士。曾奉命使金，坚强不屈，不辱使命，几乎被杀。后归隐石湖筑别业，宋孝宗题"石湖"二字赐之，别业遂有"石湖别墅"之称。别墅因人而名盛，与湖山风光相得益彰，时人为之倾倒，竞相赋诗作文，成为一时盛事。淳熙十三年（1186），范成大在石湖所作《四时田园杂兴六十首》，是他一生田园诗的代表作。著有《石湖集》一百三十六卷及《骖鸾录》《揽辔录》《吴船录》《桂海虞衡志》《吴郡志》等。明正德十五年（1520），御史卢雍于石湖茶磨山北、行春桥南建范文穆公祠，次年，将范成大手书《四时田园杂兴六十首》摹刻石碑，嵌于祠壁。现祠背山面湖，东向，有祠门、享堂两进，左右以廊相连，中为庭院。祠门额"范文穆公祠"，堂内悬"寿栎堂"匾，有范成大塑像。

申时行墓

明

位于苏州高新区横塘街道吴山东麓，始建于明万历四十二年（1614），1966年前后曾遭到破坏，1995年修复碑亭，1999年修复享堂。

1982年被列为苏州市文物保护单位，1995年被列为江苏省文物保护单位。

申时行（1535—1614），字汝默，号瑶泉，明长洲（今江苏苏州）人。嘉靖四十一年（1562）状元，初在翰林院供职，后因文字受知于张居正，被其举荐入阁。明神宗万历十一年（1583）至十九年（1591）任内阁首辅，是万历中期政坛颇具影响力的人物。申时行担任首辅时，行宽大之政，与张居正时期严苛的执政方式形成鲜明的对比，内阁与其他大臣的关系逐渐得到缓和，言路益开，之前因言获罪的官僚也重新得到启用。申时行在任期间，在赈灾荒、理边事、止兴矿以及调和大臣与皇帝的关系等方面都显示了较高的政治才能，稳定了万历中期的政局。晚年辞官回苏州闲居，著有《赐闲堂集》。年八十卒，赠太师，谥文定，赐葬吴山之阳。墓东向，规模宏伟，现存墓门、神道碑、谕祭碑、享堂、照池，墓冢尚完整。神道碑额雕二龙戏珠，下承龟趺，正面镌"明太师申文定公神道"，碑阴刻巡按御史以下官员名衔九行。享堂内左右次间和梢间立万历四十二年（1614）至四十四年（1616）的谕祭、赐谥、敕葬等碑八方。照池呈月牙形，池后墓冢完好，封土高约2.5米，直径6.3米。《吴郡西山访古记》中说，申文定公时行墓地，广约二百余亩，吴中古墓，宏大恢皇，完善无损，此为第一，置之全国，实罕其匹。申时行墓为典型明代高官显宦墓葬，享堂、墓门建筑和石人、石马、龟趺雕刻，都富有时代特点。

章焕墓

明

位于苏州高新区枫桥街道支硎山南峰的东坡，当地称章家山。

1986年被认定为苏州市文物保护单位。

章焕墓占地一亩，由墓穴、神道组成。现墓穴、墓室在"文革"期间被毁。墓前有花岗岩石一块，正方形，上雕八仙之一曹国舅，为浅浮雕。神道两边分列有石人、石马、石虎、石羊一对，现神道左侧文臣像裂成多块，头部在右侧石虎旁，另一石人无寻；石马呈站立状，完好；石虎呈蹲踞状，完好；石羊呈跪坐状，其一缺头。这些神道前石刻均倒伏在地。章焕，字懋实，明长洲（今江苏苏州）人，嘉靖进士，官至右副都御史，衔二品。章氏墓地，旧为中峰寺，《吴郡西山访古记》有"章氏谋山葬坟，假火焚寺，别捐地建造"的记载，说明该墓地原为中峰寺旧址。

章焕墓及墓前石刻，为我们研究明代丧葬制度与石刻造像艺术，提供了生动形象的实物资料。

寒山摩崖石刻

明清

位于苏州高新区枫桥街道法螺寺西寒山岭。1986年被评定为苏州市文物保护单位。

寒山是明万历二十八年（1600）赵宋王室后裔赵宧光买山葬父之山。赵宧光与妻子陆卿子庐墓偕隐于此，叠石造园，疏泉堆山，筑成集山水、园林、书画为一体的寒山别业，寒山之名由此而闻世。《百城烟水》记载："寒山别业，在支硎山南。万历间，云间高士赵凡夫葬父含玄公于此，遂偕元配陆卿子家焉。自辟丘壑，凿山琢石，如洞天仙源，前为小宛堂，茗碗几榻，超然尘表。盘陀、空空、化城、法螺诸庵，皆其别墅也。而千尺雪尤为诸景之最。子灵均，一传无后，改为精蓝。"

寒山别业是一座富有文化意义的私家园林，寒山也由此成为明清两代文人墨客的向往之山。明申时行曾有《访赵凡夫寒山别业》诗："大隐空山避俗缘，新开别墅写壶天。飞流巧借匡庐瀑，峭壁遥分华岳莲。桃李成蹊临碧涧，松萝绕磴入苍烟。漫因泉石贪奇赏，试叩岩扉一问禅。"清代乾隆皇帝在此筑行宫寒山别墅，多次驻跸，留下了30余首有关寒山的诗文。《木渎小志》记载："寒山别业，在支硎南，高士赵宧光葬父于此。自辟岩壑，如仙源异境。与其妻陆卿子偕隐，构小宛堂，读书其中，所置茗碗几坐，偕翛然绝俗。又有千尺雪、云中庐、弹冠室、惊虹渡、绿云楼、飞鱼峡、驰烟驿、澄怀堂、清晖楼诸胜。子均与妇文俶亦居此。后改僧庐。清高宗南巡六次临幸，赐诗至三十余首。"

现存的寒山摩崖石刻，主要有赵宧光自题的"飞鱼峡""千尺雪""丹井""看云起""宛延壑""阳阿"等，其中"千尺雪"最为著名。此外，还有明代书法家王穉登的"奔泉静注千寻壑，飞瀑晴回万仞峰"诗句，内阁首辅申时行的《访赵凡夫寒山别业》诗，清代乾隆的《题寒山千尺雪长句》《飞鱼峡叠旧前韵》《出阊门游支硎山诸胜即事杂咏》《出阊门游寒山即景二首》《芙蓉泉》诗等。

狮子山摩崖石刻群

清—近现代

位于苏州高新区狮子山。

有"洗心泉""云溪""仙人靴""飞雨""中流砥柱"等众多摩崖石刻遗迹,其中"洗心泉"前有记"道光十九年二月住持通颠",后有"云艇慎宗源书"。近代又复刻了康有为、吴昌硕、徐悲鸿、顾廷龙、沙孟海等一大批名人的墨宝题咏。

在山的南面翠壑处,有一块兀立巨石。相传它是位"天外来客",是坠落在此地的星星。《越绝书》载:"莋碓山南有大石,古者名为'坠星'。"书画大家吴昌硕曾在光绪八年(1882)特为此石题写"坠星岩"三个字。

渔庄农圃堂　清

渔庄内存清代厅堂一座，移自古城内慕家花园（景德路刺绣研究所，此厅20世纪50年代移建自西百花巷潘氏养闲草堂，原名"桂花厅"），定名"农圃堂"。厅西南向临石湖，占地面积170平方米。歇山卷棚顶，面阔三间，四周环廊，通面阔13.85米，通进深11.15米。东西砖细山墙；前船棚轩，有月梁；扁作四界梁，山雾云雕仙鹤流云，有抱梁云，蜂头雕荷花、葵花等各种花卉较精。农圃堂为较典型的清中晚期苏式厅堂。

越城桥

清

位于苏州高新区横塘街道石湖村石湖北越来溪。始建于南宋淳熙年间。元至正，明永乐、成化，清康熙、乾隆和道光年间均有整修。清同治八年（1869）重建。1993年编号拆卸，照原样修复。

1982年被列为苏州市文物保护单位。

此桥为东西向，横跨越来溪，是一座单孔花岗石拱桥。全长37.2米，中宽3.8米，净跨8.5米，矢高5.1米。这座桥的拱券是纵联分节并列砌置的，两侧的长系石上饰有浮雕神兽，而明柱上则镌刻着联句。南面阳刻隶书：波光万顷月色千秋，碧草平湖青山一画。北面阳刻篆书：十里荷花香连水，一堤杨柳影接行。此联展现了湖光山色的壮丽与宁静。桥两侧是条石栏板，桥面石雕轮回纹，两坡则有条石踏步，东22级，西23级。

此桥位于石湖风景区，登桥远眺，湖光山色，田野村舍，尽收眼底。

行春桥

清

位于苏州高新区上方山下石湖北渚。始建无考，南宋淳熙十六年（1189）重修时，范成大作记。范成大《吴郡志》称："（行春）桥甚长，跨溪、湖之口。好事者或名小长桥。岁久废阙。淳熙十六年，县令赵彦真始复修之，胜概为吴中第一。"明、清重建，1949年国民党军队撤退时炸去桥东四孔，1953年修复，1957年、1986年、2005年再修。1963年被列为苏州市文物保护单位。2011年被列为江苏省文物保护单位。

桥东西向，跨石湖北渚，为半圆拱薄墩九孔连拱石桥，全长55.4米，中宽5.2米。拱券花岗石纵联分节并列砌置，花岗石金刚墙，长系石为武康石，端部雕兽面，应为宋代旧物。条石栏板，望柱头雕蹲狮。桥面现为水泥缓坡。

翠岩寺遗址

明清

位于苏州高新区枫桥街道白马涧花山。1960年被认定为苏州市文物保护单位。

翠岩寺又称华山寺,由晋代高僧支道林开创,明永乐年间重建,清康熙年间重修。位于花山半山腰,坐西面东。现存大殿台基,上面保留有花岗岩石柱,台基后面有临济正宗三十三、三十六、三十七、三十八代中兴祖师的塔林。

十里亭

清

位于苏州高新区枫桥街道中外运高新物流（苏州）有限公司内，距京杭运河西岸仅10米，南为射渎口。1986年被认定为苏州市文物保护单位。

十里亭在射渎口古运河旁，因为距离浒墅关和枫桥均为十里，故名十里亭。

始建于明代，清乾隆五十一年（1786）重建。亭用花岗石砌成，顶单檐歇山式，坐西面东，面阔3.5米，进深3.8米。亭有四柱，平面呈方形，边长44厘米。内立《浒墅关修堤记》青石碑1块，碑高3米，龟趺碑座，螭龙碑首。碑文为明万历年间中极殿大学士申时行撰，江西巡抚杨成书，翰林院侍读学士韩世能篆额。碑上还刻有长洲县知县江盈科及苏州府知府、通判、推官、巡检等多人名。该亭是研究明清时期仿木结构石亭建筑的实物资料。

渔庄 民国

渔庄原名觉庵，又名石湖别墅、余庄，位于苏州虎丘区横塘街道新郭村石湖渔家村越城桥南，始建于1932年至1934年，1985年全面整修。1991年被列为苏州市文物保护单位。

余觉（1868—1951），初名兆熊，字冰臣，号思雪，浙江绍兴人。光绪年间中举人，工诗词，精书法，善行草、楷书，晚年潜心汉碑。其妻沈寿为苏绣大师。1933年余觉得画家吴子深所赠渔家村基址建别墅，1934年建成。渔庄占地面积为1500平方米，原址为范成大石湖别墅遗址的一部分。现存砖木结构庭院，有五开间平房二进，明间、次间为厅，梢间为书房、居室。前厅额"福寿堂"，因慈禧太后曾手书"福寿"二字分赐余觉夫妇得名。渔庄屋前临石湖，湖畔立"渔亭"，遥对上方山。

彩云桥 民国

明代《姑苏志》中记录的彩云桥名为"踩云桥",清代《[康熙]苏州府志》《[乾隆]苏州府志》中名为"彩云桥"。"去普福桥数武而北,独危峻,跨彩云港,故名。上为胥江陆道,下达江枫运河。"(明《横溪录》)由此可见,彩云桥因彩云港而得名。

该桥位于苏州高新区横塘街道北街,跨胥江运河,南连横塘九昌路,北接大庆桥河沿。始建于唐元和年间(806—820),明清两朝皆有修缮,民国十四年(1925)重建。1992年京杭大运河改道拓宽,原跨江南运河的彩云桥就近迁建于现址。1982年被列为苏州市文物保护单位。

桥为半圆拱薄墩花岗石三孔拱桥,东西走向,桥孔下有纤道,全长34米,中宽3.7米,中孔矢高5.6米,净跨8.5米,左右两孔较小。中孔南北两侧有桥联,南侧为:"彩鹢漾中游,双楫回环通范墓;云虹连曲岸,一帆平浪涉胥江。"北侧为:"彩色焕虹腰,水曲堤平资利济;云容排雁齿,流长源远阜民生。"道出桥的功能、形象和地理位置。宋范成大曾有题名《横塘》的诗:"南浦春来绿一川,石桥朱塔两依然。年年送客横塘路,细雨垂杨系画船。"诗中的石桥,就是彩云桥。清代画家徐扬所作《盛世滋生图》画面上,横塘河上一座三孔石拱桥,总体上和彩云桥是一脉相承。

2004年,桥体因破损严重,及时进行维修,现仍保持完好状态。

烈士陵园 现当代

位于苏州高新区横山西麓，坐东朝西，依山而建。1954年兴建，1956年4月落成，2000年全面整修。

占地面积9.37万平方米，烈士墓区占地5000平方米，分纪念瞻仰和烈士安息两个区。纪念瞻仰区位于陵园中心位置，采用主轴线对称布局。轴线长约160米，由西向东依地貌呈阶梯形，相应建筑依次为大门、牌坊、吊唁平台、纪念碑，轴线北侧有烈士事迹陈列馆，南侧为电教馆。吊唁平台占地面积1000平方米，可容千人凭吊。纪念碑呈四棱形，碑高27米，寓意为1949年4月27日苏州解放日，碑上镌刻陈毅题词"为人民利益而牺牲是最光荣的"，碑底柱正面和两侧各刻有一幅浮雕，画面分别为"百万雄师过大江""烽火沙家浜""铁铃关大捷"，背面是中共苏州市委、苏州市人民政府重建陵园的纪念碑文。陈列馆为两层仿唐建筑，馆内按历史进程分星火燎原、浴血奋战、迎接曙光、艰难探索、新的征程5个部分布展，展出不同时期牺牲的80多位革命烈士的生平事迹。烈士安息区位于纪念瞻仰区北侧，由烈士墓群和烈士骨灰堂组成，烈士墓群分三坛五区，安葬258位（2011年数据为262位）烈士的遗骸，烈士骨灰堂安放着64位烈士的骨灰。

歷代書畫

三

唐寅《农训图》

苏州博物馆藏

- 绢本，水墨淡彩，纵113.4厘米，横61厘米。
- 唐寅（1470—1523），字伯虎，吴县（今江苏苏州）人，明代著名画家、书法家、诗人。他与文徵明、祝允明、徐祯卿并称"吴中四才子"。

《农训图》是唐寅赠予苏州府尹的作品，是一幅深刻揭示当时农业政策下农民苦难的生动画卷。画中，农民们因不堪重负而选择放弃耕作，转而寻求山水之间的慰藉，以一种超然的态度面对生活的艰辛。这幅画作以细腻的笔触，勾勒出江南水乡的亭台楼阁，远山近水，其中那座远山，正是如今苏州高新区的狮子山。这幅画作不仅具有写实的意义，更深刻地反映了民间的疾苦与无奈。唐寅通过这样的创作，展现了他不畏权贵、敢于直言的风骨，以及他对自由、和谐生活的无限向往。他追求的是一种与自然和谐共处、不受世俗束缚的人生境界。《农训图》不仅是一幅艺术作品，更是唐寅精神世界的真实写照。

王宠《石湖八绝句录呈子传尊兄郢政》 波士顿美术馆藏

石湖八绝句录呈
子传尊兄郢政
石湖春色太可怜却伴美人明
镜前锦甸平铺龟绿水白云飞
勒蔚蓝天
星桥北挂泻春溅映出黄山水
面浮霞石天青飞练鹊娇花气
暖醉轻鸥
春山面二翠屏开尽绕吴王百
尺台一代霸图怜烬灭五湖渌
水恨东迴
三月暮春二服成舍风尘雪粤
罗轻生憎乳燕撩春色转遣飞
花荡酒情
越来谿上柳千丝画鼓游船晚
更移一曲紫云歌粤女双鬟白
雪舞吴儿
毂松磊落千尺强恰如天际摩
龙翔吟风啸雨中琴瑟大泽深
山藏夔梁
古木朱藤疎着花澹云斜日净
江沙黄金台上无推毂白石山
中有岁华
登山临水春将归独树桃花犹
未飞玩世繁华真飙忽后时颔
色转霏微
　　　　　　雅宜子王宠具稾

◇ 王宠（1494—1533），吴县（今江苏苏州）人，字履仁、履吉，号雅宜山人。在明代中期的吴门书坛，与祝允明、文徵明齐名，在书画界亦名噪一时，成绩斐然。他博学多才，善山水、花鸟，工篆刻，诗文书画亦名独树一帜。他一生仕途坎坷，寄情于山水，才高志远。他的书法作品，笔力遒劲而工整，结构严谨而端正，这得益于他在石湖潜心读书习字长达二十年之久的磨砺。

◆《石湖八绝句录呈子传尊兄郢政》是王宠楷书艺术的杰出代表。这幅作品是他在隐居石湖时期创作的，展现了他超凡脱俗的艺术境界。梁启超曾赞誉王宠的书法：『吾常谓雅宜山人书有道气，远在文待诏上。兹卷渊懿静穆，稀世瑰宝也。』这不仅是对王宠书法艺术的高度评价，更是对其人格魅力与艺术精神的深刻认同。王宠的书法，如同他的人生，充满了深邃的内涵与宁静的力量，成为后世学者与艺术家们研究与效仿的宝贵财富。

沈周《支硎遇友图》

弗利尔美术馆藏

◇ 沈周（1427—1509），字启南，号石田、玉田生，晚号白石翁，出生于长洲（今江苏苏州），明代画家、书法家、文学家、医学家。与文徵明、唐寅、仇英并称「明四家」，是吴门画派的创始人。其绘画主要受「元四家」的影响，早年宗法王蒙，上溯至董源、巨然，同时旁涉南宋院体画和浙派等，在元明以来文人画领域有承前启后的作用，形成了独特的个人风格。擅画山水、花鸟和人物，尤其以山水画最佳。

◆ 支硎山，又名观音山、报恩山等，因平石如硎而得名。支硎山是吴中地区的佛教名山，自晋代的高僧支遁在此隐居修行起，已有1500多年的历史。支遁以山为号，山也因他而声名远播。唐代《吴地记》记载：『支硎山在吴县西十五里，晋支遁，字道林，尝隐于此……山中有寺，号曰「报恩」。』北宋《吴郡图经续记》也提到：『支硎山，一名支硎山，在吴县西南二十五里。昔有报恩寺，故以名云。所谓南峰、东峰、中峰，皆其山之别峰也。乐天诗云：「净石堪敷坐，寒泉可濯巾。」即此山也。』

◇ 沈周所绘支硎山景色，技艺精湛，笔迹细腻，属于「细沈」风格。山石勾画大致遵循董源、黄公望、吴镇一派，却又不拘泥于传统。皴线不多，几笔便神态毕肖，力感十足。这种举重若轻的技巧，非一般画家所能驾驭，体现了沈周深厚的艺术功底和对自然景观深刻的理解。

沈周《茶磨屿图》

故宫博物院藏

- 纸本，墨笔，纵30.8厘米，横23厘米。

◆ 茶磨屿，亦作茶磨山，相传为吴王射箭比武之地。山顶宽广平坦，占地百亩，恰似一方巨大的磨盘，因此得名。它位于上方山东北，行春桥下堍的直西方向。登上茶磨屿，石湖、上方山景色尽收眼底。

◇ 这幅画作是《明人西山胜景合璧册》中的一页，画面右侧的高峰耸立，其下是一片平坦的坡地，林屋错落有致，太湖上的风帆点缀其间。在画面的右上角，写有隶书『茶磨屿』三个字，左下方则钤盖着朱方印一方。在沈周创作的成熟期，他的山水画作展现了一种独特的艺术风格。笔墨运用上，他巧妙地融合了宋院体与明浙派的硬朗力度，同时又不失元人的内敛笔触，使得作品在苍劲之中透露出秀丽，刚毅之中又见柔美。

文徵明《石湖烟水诗卷》 上海博物馆藏

石湖烟水青青草，鸟绿阴何在水月又
水望中岭未往，放落日绕长洲，自抱
迷湖上事态，登临宿，斋居
花溪号白日西，雨晴春
乱啼号，依旧江事跻跎，安涛扁不废笔
艸自生，波秋月三月尽，中研聊复
茶磨兴，阻伤心，碧天浮无限此旧作
画桥东，莫唱夜动五湖，归遣兴书
注越来，乌栖明山连嘉清庚
浴凉风，上方啼，越墨人成阁六
月又一，徵明

◇ 纵29.8厘米，横894.2厘米。卷末题款『此旧作时年六十又一』。

◆ 文徵明（1470—1559），长洲（今江苏苏州）人。原名壁（或作璧），字徵明，号衡山居士，明代画家、书法家、文学家、鉴藏家。师从吴宽学文、李应祯学书法，沈周学画，擅长诗、文、书、画。书法四体，其中小楷、行草尤佳，与沈周、唐寅、仇英合称『明四家』，与祝允明、唐寅、徐祯卿并称『吴中四才子』。

文徵明 《石湖图》

故宫博物院藏

◇ 纸本，设色，纵22.8厘米，横33.2厘米。

◆ 这幅画作是《明人西山胜景合璧册》中的一页，画作右上角以隶书题写着『石湖』二字，而左下角则钤盖着两方白文印章：『文壁印』和『停云生』。这些细节不仅增添了艺术作品的古雅气息，也透露出作者的文人身份。整幅作品以水墨的干皴技法为主，间或以花青色渲染，增添了几分朦胧之美。其笔墨之间透露出的蕴藉与含蓄，风格之文雅恬静，无疑受到了沈周和黄公望画风的深刻影响。石湖对于文徵明来说，是他的心灵净土，是他一生中最钟爱的地方。画中的景色，至今仍可辨认。

文徵明《横塘图》 故宫博物院藏

◇ 纸本，设色，纵23.2厘米，横32.6厘米。

◆ 这幅画作是《明人西山胜景合璧册》中的一页，画幅之上，隶书题名「横塘」，并钤盖了作者的「文壁印」和「停云生」白文印章，以及收藏者的「仪周鉴赏」白文鉴藏印。这些都是历史的印记，见证了这幅画作的价值与流传。

◇ 文徵明先生的根，深植于苏州这片充满灵气的土地。他对故乡的情感浓烈而深沉，常常漫步于石湖、横塘、太湖之畔，以及虎丘、灵岩山、天平山的怀抱中。在这些美景中，他不仅流连忘返，更是以自己的画笔捕捉并诠释了江南山水的柔美与精致，其作品所展现的恬淡天真之韵，正是江南特有的风韵。

◆ 画作《横塘》《石湖》二页，以苏州的本土风景名胜为创作灵感，无疑是《明人西山胜景合璧册》中的瑰宝。它们不仅是对苏州美景的记录，更是对历史和文化的传承。

107

蓝瑛《枫桥西山图》

故宫博物院藏

◇ 蓝瑛（1585—1664，一说1585—1666），字田叔，号蝶叟、石头陀、西湖研民等，钱塘（今浙江杭州）人，明代知名画家，浙派后期代表人物之一。

◆ 其画技精湛，山水之作尤为出色。早年以临摹古代大家作品为主，深得唐宋元诸家之精髓，尤其对元黄公望、明沈周两位大家之作颇有心得，笔触细腻工整，墨色清新淡雅。步入中年后，蓝瑛在传统绘画技艺的基础上，逐渐形成了自己独特的艺术风格，笔墨间透露出雄浑苍劲之力。

◇ 他被誉为「武林派」的代表，其作品备受后人赞誉。画史上亦将其归为「后浙派」一脉。

陆治《石湖图卷》（局部） 波士顿美术馆藏

◇ 陆治（1496—1576），明代中期著名山水画家，吴县（今江苏苏州）人，是文徵明的弟子。擅长山水，也精通花鸟画。他深受江南山水的滋养，作品中的山水透着一股清雅之气，尤爱着色清淡的山水，因此画作中有大量留白。这样自成一体的风格，使得他在吴门画派中独树一帜，脱颖而出，与陈淳并重于世。

◆《石湖卷》，陆治的山水长卷杰作之一，其题款透露出这是专为五湖先生所绘。五湖先生，即明代的陆师道，身为文徵明的弟子，与陆治同门情深。陆治在感念这份深厚的同窗之谊时，以匠心独运的笔触细致描绘，使得这幅作品不仅是一幅画作，更是一份情感的见证。画作的尾部，还收录了多位名家的题跋，这些均是附着在历史深处的墨迹。

◇ 此画卷细致勾勒出三月的苏州石湖美景。从右侧起始，山崖走势蜿蜒，如同一条柔软的丝带，缓缓铺陈至左侧。近处，山坡上绿意盎然，柳树吐出新芽，仿佛笼罩在一层淡淡的烟雾之中。远方的山峰若隐若现，仿佛在天际浮动，形成一幅水天相接的壮阔画面。

文伯仁《横塘雨歇图卷》 大都会艺术博物馆藏

◇ 纸本，设色，纵18厘米，横123厘米。

◆ 文伯仁（1502—1575），明代画家，系籍长洲（今江苏苏州），文徵明之侄。字德承，号五峰、五峰山人、五峰樵客等。他的山水画仿效王蒙的风格，深得『三赵』（赵令穰、赵伯驹、赵孟頫）的精髓，笔触清新有力，布局独具匠心。

◇ 他的画作以巧妙的构思和独特的创意著称，虽然在声望上稍逊于其叔文徵明，但他的大幅横披作品却广受赞誉，只是在构图上有时显得过于密集。文伯仁的人物画技艺高超。他的画作不仅在视觉上给人以美的享受，更在情感上引发观者共鸣。文伯仁不仅是一位杰出的画家，还是一位诗人，他的艺术成就在明代艺坛上占有一席之地。

◆ 《横塘雨歇图》是文伯仁的长卷作品。文伯仁的山水画作品呈现出两种截然不同的风格：一种是简洁明快，继承了文徵明的细笔山水传统，画面开阔，笔法细腻，充满了抒情的意趣；另一种则是繁复丰富，受到王蒙的影响，山峦重叠，构图饱满，皴点和点染繁密，营造出一种郁郁葱葱的境界。这幅画作展现的即为第二种风格。

陆治《支硎山图》

北京故宫博物院藏

◇ 绢本，设色，纵32厘米，横27.5厘米。

◆ 陆治五十岁后，选择隐居于支硎山，专注读书与绘画。支硎山地质以花岗岩为主，风貌独特，山上多平石。陆治以转折的笔法勾勒山石轮廓，再以干笔淡墨皴擦，细腻传达山石纹理。其画作简洁而有力，散发着一股清峻之气。

文嘉《石湖秋色图》

天津博物馆藏

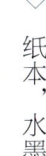

◇ 纸本，水墨。

◆ 文嘉（1499—1582），长洲（今江苏苏州）人，文徵明次子。字休承，号文水。他一生继承家学，不仅在书画艺术上颇有建树，而且对诗歌创作情有独钟。同时，他还是一位鉴赏家。在绘画领域，文嘉尤其擅长以山水为题材，其笔法清新脱俗，深得倪云林画风之精髓。他的作品借鉴了王蒙的皴染技巧，却又能将这些传统方法融合进自己的风格之中，使得画作既秀美又润泽，充满了独特的艺术魅力。

◇ 此画描绘石湖胜景，平桥远帆，秋山古寺，尽展吴中风光。近山笔触苍劲，远树墨色润泽，秋意萧瑟中，仍透露出江南湖山烟雨的韵味。画家于画幅左上方自题诗云：「湖上雨晴烟未收，拍天新水正交流。偶翻残墨酬高兴，写得吴山一片秋。」落款「文嘉」，并钤「文嘉印」「文休承印」二方白文印章。

徐扬《姑苏繁华图之狮子山》（局部）

辽宁省博物馆藏

昂首回望，正是如今苏州高新区的狮子山。狮子山下，商旅络绎不绝，熙熙攘攘的市井之声与古老的乡村戏台相映成趣。戏台上，春台戏锣鼓喧天，彩衣飞舞。这是乾隆时期苏州独有的文化盛宴。每逢春耕之际，村民们便以这场春台戏为序曲，祈愿新的一年风调雨顺，五谷丰登。

徐扬（1712—?），字云亭，清代画家。吴县（今江苏苏州）人，居于苏州阊门内专诸巷。他是监生出身，诗文、丹青俱佳。绘画方面，他师从张宗苍，又对西洋透视法有着深入的理解和熟练的运用，以人物、山水、界画见长，其花鸟草虫之画亦生动活泼，尤其擅长以画叙事。

《姑苏繁华图》又名《盛世滋生图》，是一幅长卷。这幅画作于清乾隆二十四年（1759）创作完成，历时24年，不仅生动描绘了盛清时期苏州工商市肆的繁荣景象，更深刻反映了当时苏州社会文化的多维度面貌。画家将市井喧嚣与人文风情交织在一起，为我们呈现了一幅生动的社会生活图景。

图中河湖纵横处，良田阡陌间，有座石头山，形似卧狮

纸本，设色，纵39厘米，横1241厘米。

黄宾虹《支硎山秋色图》

中国美术馆藏

◇ 纸本，设色，纵73.3厘米，横40.8厘米。

◆ 黄宾虹（1864—1955），原名懋质，后改名质，字朴存，号宾虹，是近现代中国著名的山水画家。他的艺术成就不仅体现在水墨山水画领域，还兼擅花鸟画。黄宾虹的画风早年受新安画派等影响，形成了「白宾虹」风格，晚年则转向更加浓重的北宋山水画风，形成了「黑、密、厚、重」的积墨法，追求「浑厚华滋」的艺术境界。

◇ 《支硎山秋色图》是黄宾虹的代表作之一，体现了黄宾虹独特的艺术风格。这幅作品以恢宏厚重的笔法描绘了支硎山的秋色之美。画面中山峦起伏、林木葱郁、云雾缭绕，展现了秋天的生机与活力。同时，黄宾虹通过巧妙的构图和笔墨运用，使画面既具有视觉冲击力，又富有诗意和哲理。这幅作品不仅体现了黄宾虹高超的技艺和独特的艺术风格，更展现了他对自然之美的深刻感悟和热爱之情。

走硯山中峰寺
舊蹟址久廢
起居民廬
舍秋林掩
映境己入画
圖之以歸
賓虹

韩干《神骏图》

辽宁省博物馆藏

◇ 绢本，设色，纵27.5厘米、横122厘米。史传为唐代画家韩干所作，但现代学者经过比较研究，初步认为这幅画更可能是五代时期的临摹作品。

◆ 韩干（约706—783），唐朝画家，京兆蓝田（今陕西西安）人。相传韩干年轻时曾在酒馆打杂，生活颇为艰辛。幸得诗人王维的赏识与资助，他得以专心学画，经过十余年的刻苦磨炼，终成一代画师。他精于描绘人物肖像及花木竹石，而在画马艺术上更是造诣非凡。

◇ 《神骏图》描绘的是《世说新语》中支遁爱马的故事。支遁喜好养马，时人或以为"道人畜马不韵"，而支遁回答"贫僧重其神骏"，表达了他对马的神骏之美的欣赏。《神骏图》以精湛的笔墨技艺，栩栩如生地勾勒出人、马形象，笔触精练至极，虽施以重彩，却绝无浓艳之嫌。画中人物与马匹，形神兼备，树石勾勒细腻而不失皴法，水波荡漾，花瓣飘洒，画面以简洁的空间结构布局，却处处透露出精工细作的匠心独运，整体观感上，给人以强烈的视觉震撼。

四

山水人文

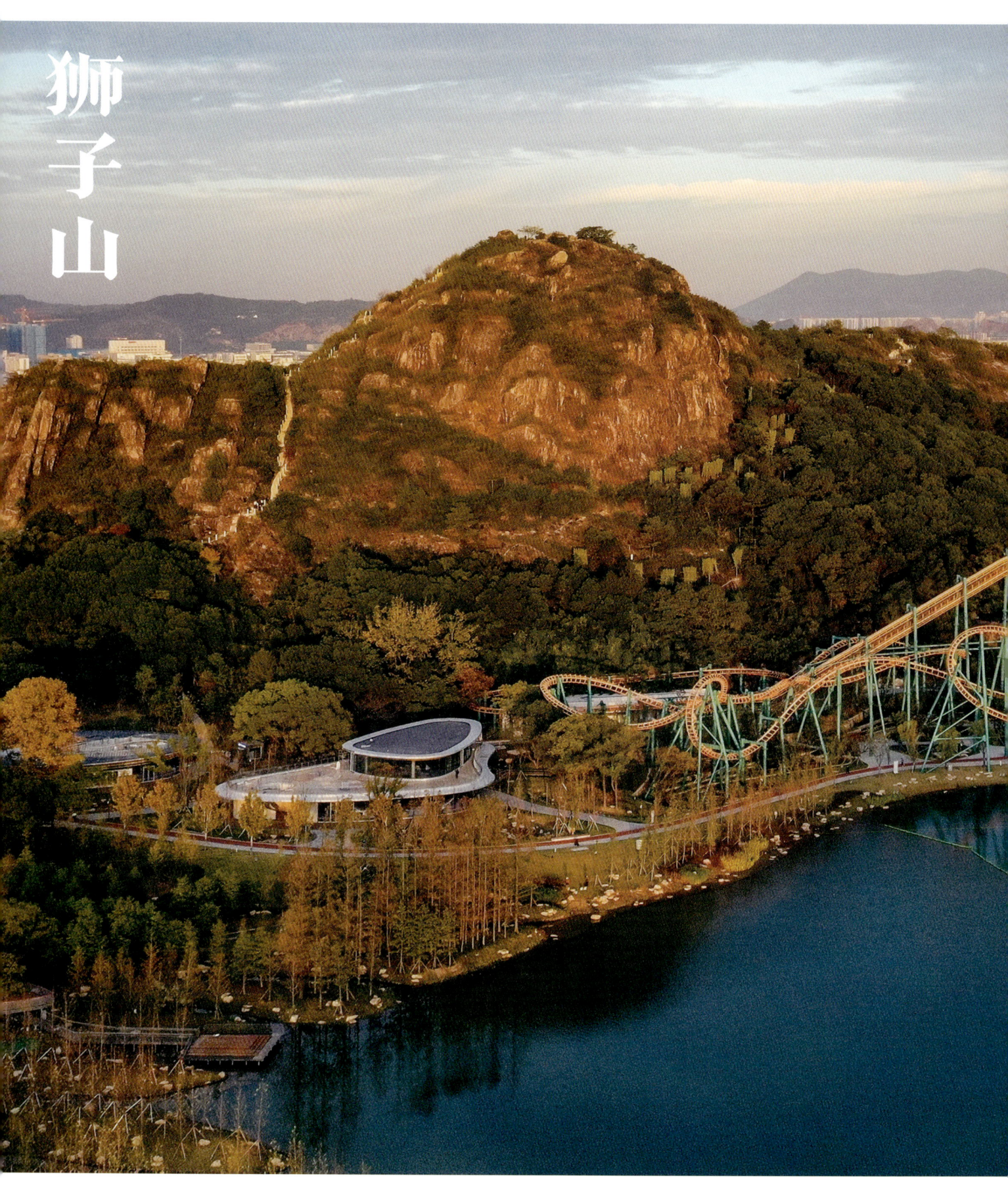

狮子山

狮山文粹

　　狮子山，位于京杭大运河以西约4000米，在珠江路、长江路、金山路、玉山路围合区域内。因山体形似卧狮得名，简称狮山。山体呈南北走向，长约0.5千米，海拔114.5米，山体由花岗岩构成。山顶南部曾有两块巨石，形似狮子的两只耳朵，元代时被人为凿掉。狮子山西南有小土山名叫铃山（又名毯山、皇妹墩），东一里处有小山名叫索山，二山形如狮子所玩的两只绣球。

　　历史上，狮子山又名鹤阜山、乍山、荐碓山、岞崿山、皇妹山等。《越绝书》记载，荐碓山，原名为鹤阜山，大禹巡游天下时，把太湖中的柯山牵引到鹤阜这个地方，改名为荐碓。

　　据《吴地记》记载，吴王僚死后葬在岞崿山。

　　山上有法音寺，建于梁天监二年（503）。唐开元年间，有高僧胜光居住于此，此寺一时成为著名的道场。狮山周边居民认为向寺庙祈祷必应，因此该寺又名思益寺。南宋时期，宋高宗赐该寺名为思忆讲寺。元朝僧人彻庵增建观音大殿，并铸造铜钟。明宣德年间，僧人定峰重建该寺。明嘉靖年间，申时行还是秀才时，常在思益寺读书。他考取状元后，为寺庙增建大殿，并亲手书写"佛指分狮"匾额。清朝康熙八年（1669），思益寺重修。

　　宋高宗南渡，其妹寿圣公主死后葬在山右，故而狮子山又称皇妹山。当地居民习惯把狮子山西南的铃山称为皇妹山、皇妹墩。

　　1976年3月，狮子山东麓发现西晋墓群。1976、1979年，经两次发掘，共清理西晋砖室墓4座，出土随葬品126件，主要有簋、扁壶、兔形水注等青瓷器，灯座、鼎等铜器，铁剑及钗、环、线戒等金器。

　　1994年10月，苏州高新区管委会建设苏州乐园，1997年1月开业，狮子山成为园内景点。苏州乐园2017年年末搬迁至大阳山山下，狮子山重新开放。

　　重新开放的狮子山有"新狮山十八景"，包括状元读书台、洗心泉、坠星岩、云溪、仙人靴、飞雨、中流砥柱、石船等众多景点和摩崖石刻。现存"洗心泉"三字摩崖为清朝道光十九年（1839）所刻。状元读书台是明代首辅申时行年轻时苦读诗书的地方，"状元读书台"为清代学者俞樾题字。"坠星岩"为书画大家吴昌硕题写于光绪八年（1882）。山上另有一大批文化名人的墨宝题咏。

相关诗文

自思益寺次楞伽寺作
唐　白居易

朝从思益峰游后，晚到楞伽寺歇时。
照水姿容虽已老，上方筋力未全衰。
行逢禅客多相问，坐倚渔舟一自思。
犹去悬车十五载，休官非早亦非迟。
《横溪录》

阊门
宋　范仲淹

吴门笙阊阖，迎送每跻攀。
一水帝乡路，片云狮子山。
落鸿渔钓外，斜柳别离间。
白傅归休处，盘桓几厚颜。

崿岭山寺
宋　韩淲

振衣崿岭山头寺，烟抹平林眼欲迷。
我老不知身到此，依依浑似武陵溪。
《浪语集》

游崿岭山
宋　洪咨夔

骤暖偎芳草，薄游烘软尘。
乱山云气晓，啼鸟杏林春。
人物少催老，浮华陈玩新。
一声铿尔瑟，涧水绿粼粼。
《平斋集》

岁除登崿岭山精舍
宋　高翥

萧寺经行无尽情，倚阑长是眼增明。
溪因宿雨十分急，山为凝寒一味清。
竹外飞花随晚吹，树头幽鸟试春声。
重来又是明年事，临出门犹款款行。

过野翁亭因登崿岭山憩崇寿院僧轩共成四绝句
宋　张镃

古县依山惬乍游，欲行因路始穷幽。
搀空石壁樛林合，更做行程急也留。

二

溪流逢旱息潺湲，野彴横趋乱石中。
莫恨铁冠人已去，我来权合号山翁。

三

甲子峰高正属连，白云腾涌似炉烟。
群仙若讶归来晚，只蹑云根上碧天。

四

岩隈萧寺得跻攀，数翠邀岚不复难。
已向城中专一壑，更须随处款青山。
《南湖集》

登狮山
明　徐有贞

麦黄天气爽如秋，乘兴聊为崿嶂游。
香径踏花来洞口，小舟送酒过溪头。
横塘树色连龙坞，茂苑烟光接虎丘。
绝胜竹林觞咏处，即今谁数晋风流。
正德《姑苏志》

望崿嶂山
明　赵宧光

遥瞻一卷石，蹑蹬几千尺。
兜罗世界中，半空露青碧。
《姑苏采风类记》

狮山
清　缪宗俨

崖口众山断，横岭何突兀。
起伏势峥嵘，雄诡卓天骨。
巉石抉爪牙，灌莽动毛发。
惊风入松林，震若吼声发。
疑参马祖禅，嘘嘘欲出窟。
乾隆《吴县志》

登崿嶂山泛月归枫桥
清　归庄

枫江待雪雪不作，且以晴天登崿嶂。
舟行尽处步寒原，梅林欲花绕山脚。
山巅硗确无林木，石磴巉绝岑容足。
贾勇直上赖一笻，俯瞰翠微之佛屋。
山象猛兽威棱大，蹋而跨之不跌蹉。
狂夫岂是法王身，遂登半天师子座。
远近群峰列眉黛，渺渺晴空起微霭。
城中城外七浮图，一一入眼无隔碍。
竦身疑在虚空境，夕阳照我千寻影。
月落空庭竹倍修，何况振衣在绝顶。
下从坦道入招堤，僧厨饭罢月渐西。
同游莫愁归路遥，来时舟舣山前溪。
载得斜月鼓枻去，回首青山隔烟雾。
急呼斗酒解劬劳，不辞仍向枫桥住。
《姑苏采风类记》

崿嶂山咏事
清　弘历

行永犹无事，牵山岂有斯。
湖深沟那凿，峰去踬奚遗。
徒见石刻峭，依然树芘庥。
千秋纷纪载，曾几不虚词。
道光《苏州府志》

酬狮山灵白师见怀之作
清　陈匡国

不见灵公岁月更，道于岑寂见相成。
秋山坠叶云常补，晚寺炊烟钵未擎。
疏磬几从清梦听，好诗应自远来生。
何时策杖岩头径，一扫狮峰劫外情。
《姑苏采风类记》

皇妹山

　　皇妹墩，亦叫皇妹山，位于苏州高新区狮子山南。清《百城烟水》载，宋高宗南渡，值寿圣公主薨，择葬球山，因赐今名。所谓球山，指狮子山前的两座小山，意谓狮子滚绣球。一座索山，也称笠帽山，现为索山公园；一座铃山，即皇妹山。

　　旧志载，狮子山下，皇妹山旁有思益寺。《越绝书》、民国《吴县志》等记载，山前有大石，相传为坠星，东有落星泾。

　　元代时，山麓之阳，建有石林书舍，为周伯常之居，有王行的《石林书舍图记》文，高启的《师山周伯常久客濠上因绘旧隐图索题》为证。明代黄省曾的《泊舟支硎经灵岩游赤山夜珠坞》诗中，有"室以支公建，山犹皇妹名"之句。

相关诗文

石林书舍图记
明 王行

　　吴城西多山。其名师者,于城为最近,望之其形若狮然,故名。其山多石而少壤,草木皆坚瘦疎碎,其挺然以修、蔚然而林者,皆在乎山之麓,而麓之阳则石林书舍在焉。书舍者,同郡周伯常之居也。伯常居于是,耕凿桑麻以养其亲,读书为学以娱其志。宗族既以言其孝,交友既以称其良,而里闾乡党亦有善人之举焉。亲既殁,居以兵毁,遂携家比南,侨于濠郡,而其昼而思,寐而梦,未尝不在乎师山之麓焉。曰:吾亲不可得而复见矣,然吾之乡犹在望也,吾曷时而归吾乡耶?

　　其友有闻而悲者,为之绘其故居之状为图,以贻之。于是,伯常朝而向,夕而面,不是图之或离也。曰:吾未能归吾乡,睹此可以少纾吾思矣。因托其友罗可道求为是图之记。呜呼!绘画不足记也,然人子之心孰无,故乡之念孰忘之?予虽获朝夕奉承乎膝下之欢,踪迹不出乎乡井之外,然岂可以吾之幸,而遽不恤人之不幸也?则是文也,虽欲辞,不可得而辞矣。为之言曰:人之所以为人者,以其知所本也。本者何?父母之谓也。《记》曰:入里必式。非式乎其里也,父母之等夷所在也。《诗》曰:维桑与梓,必恭敬止。非敬乎桑梓也,父母之乡之产也。父母之等夷所在,必式之;父母之乡之产,必敬之。况于父母之居乎?今伯常亲殁之后,既怀永慕之戚,况亲舍复毁,得不重其戚与?则其寤寐不离乎师山之麓者,谁不宜哉?若伯常可谓知所本矣。且夫人之于交友也,乐为之乐,忧为之忧,庶得交友之道焉。今绘图以贻之者,既欲纾其忧,而求文以记是图者,亦以慰其忧。则二人者,可谓知夫交友之道矣。伯常既能知所本,二人者又能知交友之道,是皆有典常之系焉。予可已于言乎伯常也。观是图而诵予言可无慨之绘,尽所视为文辞也。是为记。

《半轩集》

师山周伯常久客濠上
因绘旧隐图索题
明 高启

几年留客舍，千里念家山。
得向图中见，犹胜梦里还。
菊畦经雨废，薜屋带云关。
楚奏无穷意，相忘赖此间。
《槎轩集》

泊舟支硎经灵岩游赤山夜珠坞（其二）
明 黄省曾

室以支公建，山犹皇妹名。
红云升白马，绿草掩珠缨。
奏酒开今眺，游轺动古情。
石门栖玉馆，弥使客怀萦。
《五岳山人集》

落星泾夜泊
清 金兰

孤桿泊烟汀，何年此落星。
江湖双鬓白，风雨一灯青。
邻舫鼾声闹，荒原尸气醒。
诗成漫高唱，恐有老龙听。
《碧螺山馆诗钞》

何山

何山，在狮山北一里。呈东北—西南走向，长约750米，海拔60.1米。历史上，何山所在地名为鹤阜墟，该山亦名鹤阜山。后因南北朝时梁代著名隐士何求、何点兄弟死后葬于此山，改名为何山。一说是晋代文人何楷年轻时曾在此山读书，后为吴郡太守，其山因此得名。

有学者认为，何山之名可能源自《越绝书》所载的，大禹巡游天下时，将太湖中的柯山牵引到鹤阜墟，所以此山名叫柯山，即何山。早期史料也常把狮子山叫柯山或鹤阜山。

梁天监年间曾在山南坡建寺，据说是何楷旧宅改建。宋高宗南渡后，赐寺名为资福寺。明初改建为何山庙，祭祀张士诚。1997年改为张王庙。2009年更名为何山道院，并扩建。

山上曾有何求、何点坟墓，现无存。民国李根源1929年题"齐太子洗马何求何点葬此"并刻石，今仍存。

何山林木丰茂，有自然鸟类上百种，生态环境绝佳。1991年建成何山公园，占地面积0.29平方千米，绿化面积90%以上。西坡有砖瓦厂取土形成的池塘130余亩，后改为公园湖泊。

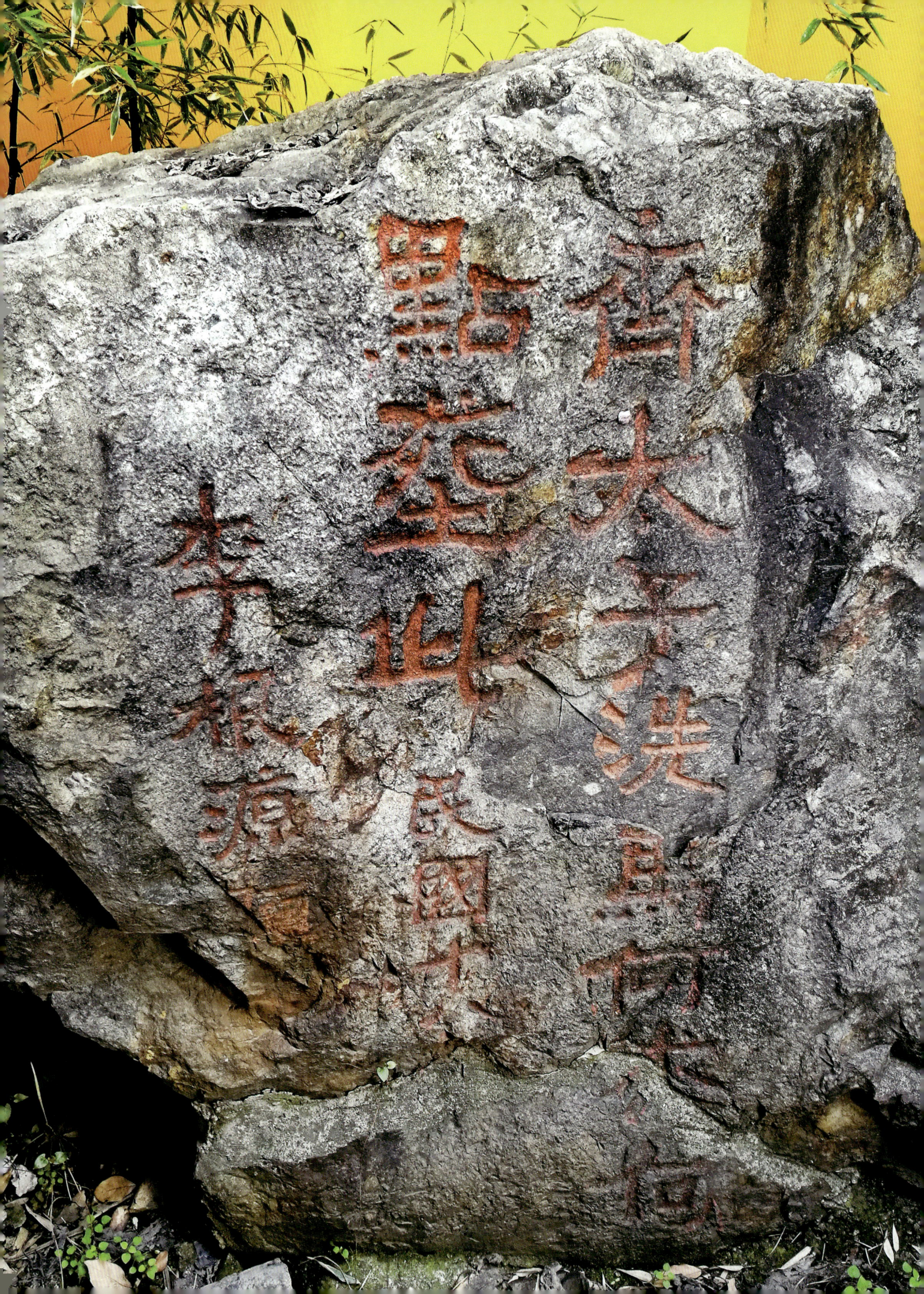

相关诗文

过何山怀二何
明　皇甫涍

灵山征往迹，居士葬何年。
哀銮苍烟断，空山落日悬。
禅关一隐地，花路五云天。
共尽悲千古，凄凉夜鹤旋。
　　　　康熙《苏州府志》

何山下始见梅花
明　陆承宪

地是何颙宅，华疑何逊家。
未攀千树满，乍见一枝斜。
山意寒初动，春光静不哗。
从兹入香境，相引兴无涯。
　　　　《姑苏采风类记》

何山下始见梅花
明　王穉登

石濑比沧浪，孤梅秀野塘。
花迟能避雨，树短不过墙。
半染翠微色，全添春水香。
何如玄墓麓，千树拂湖光。
　　　　《姑苏采风类记》

何山
清　徐崧

尽说何山寺，谁知资福门。
残僧多菜色，古路入云根。
瓦砾香台圮，藤萝乱木昏。
双碑犹在壁，风雨剥苔痕。
　　　　《姑苏采风类记》

何山口占
清　归庄

白云晶晶碧山虚，何氏三高此结庐。
更美当时容肆志，大山矢口著齐书。
　　　　《姑苏采风类记》

经何山下
清　朱彝尊

横塘杨柳村，春思满河关。
夕照东西路，晴江远近山。
王孙驱马返，游女荡舟还。
惆怅何颙宅，千秋不可攀。
　　　　《姑苏采风类记》

高景山

高景山，《越绝书》作高颈山。位于大阳山西南，谢宴岭以北，今太湖大道北侧。海拔106.2米。历史上，高景山风光秀美（"实钟城西诸山之秀"），但因为出产金山石，清雍正年间，巡抚张楷令人开山采石，山体遭到破坏。后在当地人请求下，张楷同意刻碑，永禁采石。乾隆三年（1738）、同治十一年（1872），官府又两次刻碑禁采，但屡禁不止。直到2000年，苏州市人大立法全面禁止开山采石，高景山采石才真正停止，但已只剩北部残存山体。2003年，政府对高景山整治复绿。2004年，高景山整治复绿工程被国土资源部（现自然资源部）列为示范项目，今山上有刻石纪念。

山西麓金盆坞内有南宋理学名家、秦国公魏了翁墓，原有神道、神道碑、石牌坊、墓庐等，清咸丰元年（1851），江苏布政使倪良耀立"先儒宋资政殿大学士参知政事赠太师秦国公谥文靖魏公了翁墓"碑。民国吴荫培重建"宋魏文靖公了翁墓"墓碑。现仅存墓冢。

山上曾有高景庵，亦称金氏庵，早废。

山顶原有城隍庙，清乾隆二年（1737）修建，1950年后被毁。20世纪80年代民间香客擅自在山东北方半山处建简陋庙房，后扩建至6间。2006年，苏州高新区佛教协会决定将原在白鹤峰的白鹤寺移建于高景山。

乾隆皇帝南巡时，曾登临高景山。

山东北麓曾发现茶店头遗址，出土夹砂硬陶、印纹硬陶及石斧、石镰等物，属马桥文化。山东麓曾挖出一座元代墓葬，出土青瓷神兽香薰、石佛像、碗盆、铜镜等物。

山南麓今建有市民公园。

相关诗文

高景山夜归
宋　范成大

伊轧篮舆草露间，夜凉月暗走屏颜。
忽逢陂水明如镜，照见沉沉倒景山。
《石湖居士诗集》

高景庵泉亭
宋　范成大

峰头挥手笑红尘，天入双眸洗翳昏。
万里西风熟粳稻，白云堆里着黄云。
《石湖居士诗集》

金氏庵（庵废无人居）
宋　范成大

醉墨题窗侧暮鸦，蔓藤缘壁走青蛇。
春深有燕捎飞蝶，日暮无人扫落花。
　　　　　　　　　　《石湖居士诗集》

过高景山拜谒魏鹤山遗像
明　吴一鹏

巍然祠墓尚高峰，时有云仍为扫松。
俎豆正隆唐祀典，衣冠无愧汉儒宗。
空山夜静犹闻鹤，怪树年深已化龙。
仰止丰神生恨晚，九原安得起相从。
　　　　　　　　　　《吴都文粹续集》

支硎山

支硎山位于高景山之南，天平山以北，苏州寒山寺西约6000米处，为吴中佛教名山。长约1900米，海拔148.5米。有东、南、北、中四座山峰。此山因晋代高士支遁（号支硎）曾隐居于此而得名。又因山上曾建有楞伽院、报恩寺、观音寺等名寺，故此山又称楞伽山、报恩山、观音山。苏白又称其为支英山。

历代曾在山上建有众多寺院，著名者有南峰寺、中峰院、北峰院、观音寺等。

北峰院于明宣德年间移建于鸡窠岭。

南峰院一名天峰院，唐代称其为支山院，裴休曾为其书额。旁边有待月岭，岭下曾有碧琳泉、南池、新泉、马坡。

中峰院，初名支硎寺、楞伽院，位于支硎山中部，寒泉之上。东晋咸和九年（334）创建，为支遁别庵，建寺石碑于宋咸平年间犹存。唐代曾改名为支硎山寺、报恩寺等，北宋间又改名为天峰院、中峰禅寺。明代寺废，地基一度归于首辅王鏊。明崇祯间重修，崇祯二年（1629），住持释明河、读彻共立《重复晋支公中峰禅院记》碑，文震孟撰文，文丛简书碑，赵宦光篆额。清康熙十五年（1676）重修，改名观音禅院，咸丰间毁于大火。民国初，山下重建观音寺，后拆除。1994年再度重修，现有中峰禅院天王殿、大雄宝殿等建筑。

观音寺，位于支硎山下，唐景宗年间兴建。明天启年间，一雨法师在此始开讲席，弟子汰如、苍雪等继讲《华严经》，故又称中峰讲院，为江南著名讲经院。清康熙十五年（1676）重修扩建，改名为观音禅院，规模宏大，全国少有。

山上旧有寒泉，宋代虞廷臣曾书写径丈"寒泉"二字刻于泉上，今不存。现有民国李根源书"南来堂"、吴荫培书"苍公遗蜕"刻石。

南峰曾有北宋宰相章惇、《吴郡图经续记》作者朱长文、明都御史章焕等人墓葬，今无存。

苏州旧俗，相传农历二月十九日为观音大士诞辰。支硎山（观音山）有转藏殿，送子观音尤为灵验，僧尼于此日建观音会，道场供奉各式香花。士女连袂前往观音山进香，或施舍长明灯油祈福。进香女子二月初一即吃斋，至二月十九日止。此俗称"观音香市"。山下由此形成观音街。人多赁坐竹轿上山，二人肩之行，俗称观音山轿子，由此形成苏州谚语："观音山轿子——人抬人。"

支硎山北端与高景山相连处（现被太湖大道割断）山体，称谢宴岭，又称斜堰岭、谢月岭、斜月岭。相传，春秋争霸中，越王勾践战败后在白马涧为吴王夫差养马期间，得到当地百姓帮助。归国前，勾践在此山顶平坦处设宴相谢，因此得名。嘉靖《吴邑志》称其"最高远，人行不绝"。古时山西部村民前往枫桥或苏州城，需翻越此山，因此山上留有古道。山顶偏北处现有城隍庙。

相关诗文

题报恩寺
唐 白居易

好是清凉地,都无系绊身。
晚晴宜野寺,秋景属闲人。
净石堪敷坐,寒泉可濯巾。
自惭容鬓上,犹带郡庭尘。
《吴都文粹》

陪元侍御游支硎寺
唐 刘长卿

支公去已久,寂寞龙华会。
古木闭空山,苍然暮相对。
林峦非一状,水石有余态。
密竹藏晦明,碎峰争向背。
峰峰带落日,步步入青霭。
香气空翠中,猿声暮云外。
留连南屋客,想像西方内。
因逐溪水还,观心两无碍。
乾隆《苏州府志》

题报恩寺
唐 刘禹锡

云外支硎寺,名声敌虎丘。
石文留马迹,峰势耸牛头。
泉眼潜通海,松门顶带秋。
迟回好风景,王谢旧曾游。
乾隆《苏州府志》

宿报恩寺水阁
唐 皮日休

寺锁双峰寂不开,幽人中夜独徘徊。
池纹带月铺金簟,莲朵含风动玉杯。
往往竹梢摇翡翠,时时杉子掷莓苔。
可怜此际谁曾见,惟有支公尽看来。
乾隆《苏州府志》

和《宿报恩寺水阁》
唐　陆龟蒙

峰抱池光曲岸平，月临虚槛夜何清。
僧穿小桧才分影，鱼掷高荷渐有声。
因忆故山吟易苦，各横秋簟梦难成。
周颙不用裁书劝，自得凉天证道情。
《唐甫里先生文集》

放鹤亭（亦道林故事）
宋　范成大

石门关外古亭基，树老藤枯野径微。
放鹤道人今不见，故应人与鹤俱飞。
正德《姑苏志》

游支硎南峰
元　郑元祐

词客幽寻胜洞庭，神僧名迹在支硎。
马骑仄径犹存石，鹤放颠崖尚有亭。
岩底泉飞轻练白，峰头龛蚀古苔青。
到来顿醒红尘梦，万树松涛沸紫冥。
乾隆《吴县志》

支硎山
明　王宠

支硎特峻秀，平地插芙蓉。
面面开霞壁，层层折剑峰。
白鹇巢野竹，苍鼠戏长松。
远忆道林辈，低头礼数峰。
《雅宜山人集》

题南峰石壁
明　沈自然

看峰不觉路行赊，倚杖闲吟到日斜。
洞口苍苔无鹿迹，千秋废寺锁烟霞。
《百城烟水》

支硎山口占
明　王衡

晓山烟重暮山开，石马三朝半绿苔。
扫得墓门清似水，梅花昨夜又飞来。
《吴都法乘》

支遁庵
明　王宾

不知城市有嚣尘，只见寒泉尽日新。
是处与谁闲共坐，许询之外更无人。
《吴都法乘》

晚过中峰古公禅院
清　吴泰来

松门空翠滴，竹坞夕阳迟。
偶爱东林路，言寻慧远师。
风泉发清响，山月照华池。
回首重来径，苍苍白露滋。
《砚山堂集》

游支硎山叠旧作韵
清　弘历

依旧青山与白泉，重来过眼又三年。
发硎那是庖丁刃，招鹤仍参开士禅。
舞为鼓琴同木石，甜如食蜜彻中边。
设云佛法全拈出，远矣失之大不然。
同治《苏州府志》

夜雨宿支硎禅院
清　彭启丰

中峰云气合，微雨洒初更。
佛火隔林照，山泉穿竹鸣。
一僧归静院，半偈悟浮生。
欲控支公鹤，翩然上玉京。
《芝庭先生集》

再游支硎
清　潘遵祁

掩扉忽动游山思，要看千岩万壑秋。
薄雾野塘移艇去，斜阳萧寺听钟留。
白云双屐雨沾袂，黄叶一林风满楼。
别有禅扃藏曲坞，半房花竹最清幽。
《西圃集》

观音山纪游诗序
元 于立

至正辛卯秋九月八日,玉山顾君仲瑛、河南陆良贵与予同舟出阊阖门,登观音山,过小龙门,坐支公放鹤亭上。于时高秋气肃,慨古遐眺,神与意适,遂相与濯足寒泉。肩舆过山北,观盘松如春雷破蛰龙,鬼神变化,不可端倪。因入楞伽寺,寺僧昂天岸出速客,列坐大桂树下,摘银杏荐酒,赋诗乐甚。予缅思去秋之季,与仲瑛及吴兴郑九成访龙门上人琦元璞于天平山中,薄暮至此,暝色既合,不得览山水之胜。继予往会稽,俯仰又复经岁。顾惜流景,不无慨然,因书以识岁月。余则匡庐于立也。

《玉山纪游》

观支硎山香市记
清 袁景澜

吴县支硎山去郡城二十五里,晋高士支遁所游憩。石室苔斑,寒泉清洌,厥迹犹存山麓。报恩寺奉观世音尊像,每春时,吴中士女焚香顶礼,群焉投最。距金阊门外,驮马一鞭,趋砖甓甬道,连犴绵亘二十余里,路尽而山寺造焉。己酉春日,余游光福邓尉还,舣舟岸崿山后小村,其地名店街,适临跸路,砥平绳直,香市取道所由。于时夕阳在山,篿舆坌集,流苏九华,宝妆五钿,扬蕤布緋,与韶光争媚。画船六柱,箫管迭奏。则有红袴稚儿,青裙游女,肩负花枝,随风弱步。富豪侠少,宝骑珊鞭,结队闲行,翱翔容与。其间名蓝精舍,神丛庵庐,若何亭、来鹤、吾与、无隐,并饶乔柯美竹、清池果园。曲房幽榭,盆山苍翠,经寮禅榻,耽玩而世虑可忘。蔬桴茗瓯,稍饮餐食,游屐小顿,叱嗟而供具立办。道旁柳阴,鸟唤提壶,酒人扶醉,呼侪袒臂。复有货郎地摊、童孺戏具、筠篮木盏、泥孩竹马、地铃丝鹞、蚕帘柳楮诸物,男妇争买,论价聒杂,声如潮沸。路侧杂厕茶篷、酒肆、饼炉、香铺,赶趁春场,蜂屯蚁聚。老僧因果,瞽者说书,立者林列,行者摩肩,遗簪堕珥,睹不暇拾。笼袖骄民,莺抄燕掠,奔凑若织。日暮霞生,归者纷沓。闺房淑秀,帏幕尽开,婢媵后随,山花插髻,芳草绿缛,软衬双趺,臻臻簇簇,联络十里,笑语盈路,众情熙熙,无不各遂其乐,亦不自知其何以乐也。左带鹤阜,右望狮山,畦菜布金,篱桃舒屠,香风袭袂,游丝横陌,树树争妍,花花献笑,披襟骋目,人意融融,紫翠溟蒙,云烟万状,俨然一幅江南春景图矣。昔南宋张择端摹写汴京风物,作《清明上河图》,凡市桥屋庐、舟车舆马、山林草树、渔樵商贩、笙歌罗绮、池台游宴,往来纷纭,色色形形,曲尽其妙,备繁华巨丽之观,后之人每叹想不置。今兹支硎春景,遂头绣陌,熙熙攘攘,大块之文章也。迎社旗亭,红红翠翠,造化之丹青也。其繁盛富美,奚啻择端所摹上河之景而已哉?夫必休养生息,涵煦百年之深,乃克臻此民物之滋丰、闾阎之富庶,何孰非君相勤劳之力耶?自昔和平康乐,风俗所贵,矧以吴中素称繁盛,花时令节,士大夫之贤有文者,争开园设厨传,下逮编户丰豫之族,亦复乘时出游,山舆水舫,倾城空巷,以相率延览湖山之胜。余为传诸藻翰,令阅者如披图绘,要与击壤衢歌,同志承平之盛云尔。

《吴郡岁华纪丽》

　　寒山，位于天平山西北麓，支硎山西侧，属支硎山向西南延伸的小山，海拔99米。据传，晋高僧支遁居支硎山品此山之泉后，称其为"寒泉"，山由此得名，又称寒山岭，也称皇宫岭。明万历二十二年（1594）高士赵宧光葬父于此，并带其妻陆卿子在此居住，建寒山别业，并于崖壁题刻。因吴中名士常雅居于此，寒山名声大振，成为吴中胜地。周边有千尺雪、云中庐、弹冠室、惊虹渡、绿云楼、飞鱼峡、驰烟驿、澄怀堂、清晖楼等景，今皆废。清康熙、乾隆下江南，都曾驻足寒山。尤其是乾隆帝六下江南，六次登临寒山，留下诗文题字100多首（处）。

　　山上现有赵宧光篆书"千尺雪"、乾隆帝题诗等数十处明清摩崖石刻，为市级文物保护单位。

　　山西侧与花山交界处有山涧，名白马涧，相传为吴王阖闾养马之地，越王勾践卧薪尝胆之处，如今尚有饮马池、谢宴岭等遗址。由寒山中部西下龙池有小道，青砖铺地，为当年乾隆登山御道，道两侧有乾隆行宫遗址、明末清初书画家徐枋的涧上草堂及洗心泉等。该地现建有白马涧生态公园，内有龙池、凤潭两湖。龙池边树有乾隆御碑"明镜漾云根"。1952年重修湖体，取名胜天水库。湖内有桃花水母，为出现于6.5亿年前的古生物。

相关诗文

小宛堂
明 赵宧光

墓旁营斗室,岂为乐岩阿。
客有来观者,相将助啸歌。
《姑苏采风类记》

寒泉
明 赵宧光

支郎濯手涧,流响三千年。
倒映芙蓉色,犹疑千叶莲。
《姑苏采风类记》

寒山闲居即事(二首)
明 陆卿子

有地皆埋玉,无山不种松。
雨深朝拾菌,日暖昼分蜂。
麋鹿缘岩下,神仙采药逢。
桃花开已遍,樵客欲迷踪。

树色千重碧,溪声万壑流。
鸟啼花坞暖,枫落石门秋。
稚子听清梵,佳人上画楼。
只缘探法藏,不是觅丹丘。
《姑苏采风类记》

春末偕陈仲醇游支硎山过赵凡夫小宛堂纪事五首(其一)
明 王衡

人去无留影,岁月忽十五。
缥缈读书台,云含乱山舞。
斑斑墓草深,嫒嫒凝宿雨。
寿比松与柏,于焉纵寻斧。
孤泉如络丝,石上声自苦。
雀啄游女场,花开酒家土。
眼前我与汝,题诗迹已古。
《姑苏采风类记》

赵凡夫庐墓山中过访
明 游士豪

一丘谁凿水成渠?千乘名流送葬车。
鹤引支公山下路,鹊巢孝子墓前庐。

红尘不惹看花骑,白日难抛种树书。
已舍袈裟三亩地,卜邻只许野僧居。
《百城烟水》

寒山访赵凡夫因赠
明 葛弥光

松风二十里,花店野棠村。
已是山深处,无嫌客到门。
庐中半生住,海内一家言。
雨壑看飞瀑,裹云溅石根。
《百城烟水》

崇祯辛巳重过小宛堂有感
清 徐崧

小宛今重过,莺啼不可听。
高人双木主,旧迹半山铭。
东海遥能吊,湘川夜独醒。
一悲萧索极,恍惚雨冥冥。
《百城烟水》

寒山别墅
清 弘历

支硎一岭过,咫尺到寒山。
坐弄流泉洁,行寻曲栈闲。
心因新霁喜,几趁片时闲。
大吏称驰驿,俞哉为破颜。
同治《苏州府志》

寒山千尺雪叠旧作韵
清 弘历

寒山即是支硎山,赵凡夫始疏山泉。
我昔凭观爱清泚,云中曾未穷其源。
隐人别墅兹一至,故迹历历闲评诠。
乃知芙蓉注乳窦,千支万派斯依缘。
烟崖冰峡叠高下,泻为飞瀑渟为渊。
大珠小珠跳涧谷,五出六出纷林峦。
四时恒此舞滕六,千尺幻欲生蓝田。
雪乎否乎否雪乎,长笑人然我亦然。
揭尔题诗揭尔去,淙淙响在依稀间。
同治《苏州府志》

赵凡夫山居为祠堂今改为报恩寺
清 吴伟业

高人心力尽,石在道长存。
古佛同居住,深山即子孙。
飞泉穿树腹,奇字入云根。
夜半藤萝月,钟声冷墓门。
乾隆《苏州府志》

过寒山报恩寺有怀赵凡夫先生
清 朱虹

蓝舆过岭见松门,已额寒山古报恩。
昔日隐君娱水石,今朝开士论风幡。
烟中磬响莓苔径,雨后莺啼薜荔垣。
墓碣渐倾堂半废,谁携樽酒酹幽魂?
《百城烟水》

花山

花山，旧名华山。主峰海拔169米。位于支硎山以西，山脉相连。传说山顶有水池，池生千叶莲，服食后可羽化升仙，故名。一说因其山顶有群石，称莲花峰，状如莲花，山亦因此得名。

花山历来是隐居胜地。老子《枕中记》记载："吴西界有华山，可以度难。"南朝张裕、宋代张汉卿、明末朱鹭均隐居于此。张汉卿在此造室营墓，改山名为就隐山。

花山也曾是佛教名山。支遁曾在莲花峰下南侧建华山寺。山北曾建有寂鉴庵。山顶曾建有智显寺，宋绍圣四年（1097），知枢密院事林希请改为功德寺，增挂"慈严"匾额。今俱不存。位于山腰的翠岩寺建于晋代，清康熙皇帝曾为其书写匾额，现存匾额为李根源于1913年题写的。寺今废，尚存石柱等遗迹。西北侧山上有元代石雕"向上接引大佛"，高三丈六尺，曾碎为四块，现已修复。

历代名人在山上留有300多处石刻，包括明代赵宦光的"隔凡""花山鸟道"，清乾隆帝的"清远"等。

山上原有宋同中书门下平章事丁谓、知枢密院事林希等人之墓，现无存。

相关诗文

天池
明 高启

灵峰可度难,昔闻枕中书。
天池在其巅,每出青芙蕖。
湛如玉女盆,云影含夕虚。
人静时饮鹿,水寒不生鱼。
我来属始春,石壁烟霞舒。
滟滟月出后,泠泠雪销余。
再泛知神清,一酌欣虑除。
何当逐流花,遂造仙人居。

《高太史大全集》

登华山
明 赵宧光

鸟道萦纡上,深林更几盘。
支公此销夏,五月晚犹寒。

《姑苏采风类记》

同毛子晋登华山访含光法师
明 杨补

莲华莲子凤心期,自笑闻钟失往时。
玉面阿难今已老,白头玄度到何迟。
讲堂风绪传松籁,梵阁花香旧雨思。
云里青峰回首处,一灯悬法更谁持。

《姑苏采风类记》

过莲子峰朱鹭书屋
明 沈自然

四壁月来迟,空山人去时。
徒然挂薜荔,犹想下书帷。
坐拂醉眠石,行看画竹枝。
最怜遗草在,还望茂陵知。

《百城烟水》

题莲子峰
明　朱鹭

登峰问莲子，古路出僧家。
石榻留云供，空池长佛华。
　　　　　　《百城烟水》

送古如上人入华山
清　尤侗

垂老方安坐，西山古木中。
千花能喻法，片石解谈空。
行药秋光白，拈棋佛火红。
飘零许长史，何日侍支公。
　　　　　　《姑苏采风类记》

游华山
清　朱彝尊

支公禅诵处，徙倚陟山庭。
暗壑云英白，长林石气青。
花间童子偈，松下梵王经。
怅望岩栖路，风泉隔翠屏。
　　　　　　《姑苏采风类记》

鹿山

鹿山，位于花山以北，支硎山西北，大阳山以南，苏州高新区浒墅关、枫桥和吴中区藏书三地交界处。相传春秋时吴王在此狩猎养鹿，故名。一说因山形似鹿而得名。山体北东走向，长约2000米，由花岗岩构成。为相连的两座山丘，山体大者称大鹿山，海拔172米；小鹿山（西峰）亦称庙山，海拔85米。

山麓有景福庵，始建于元大德二年（1298）。明万历年间，兰风禅师圆寂后葬此，改称兰风塔院。抗日战争期间被毁。2000年在鹿山北麓重建，名兰风寺，寺内有高15米的万佛楼。鹿山山坞旧有蕉盖庵，始建于明初，清康熙十五年（1776）僧高云重建，内有康熙所书"乡域"两字。20世纪50年代末被拆。香客在旧址搭建简陋庵房。

北侧山岭为王宴岭，又称皇宴岭，高53.9米。因开山采石，岭南北皆断，遂成孤岭。岭下有皇宴岭村。

明代南京刑部尚书钱邦彦死后葬鹿山，墓今不存。

相关诗文

阳山（节录）
元　顾瑛

山下花开一色红，花下千头鹿养茸。
衔花日献黄面老，挟群时入青莲宫。
乾隆《苏州府志》

晚过王宴岭
明　郭谏臣

山行逾数里，一岭界天高。
叠嶂全封藓，丛林半是蒿。
云归迷鸟道，风起沸松涛。
向晚回孤榇，行厨进浊醪。
《鲲溟先生诗集》

暑夜忆鹿山草堂
清　董说

郭西曾作客，山夜最难忘。
野艇维深竹，归樵话夕凉。
池神传饮马，桥古记书堂。
几度蒲帆梦，翻成忆故乡。
《丰草庵诗集》

贺九岭

位于高景山西南，花山北，为鹿山侧岭。相传吴王曾在此山庆贺重九节（重阳节），故名。岭上现存两座建于明代的石关。西石关创建于明隆庆二年（1568），东石关年代略晚。

山上有贺九岭寺（一名普济院），明正统二年（1437）僧立传建，万历三十八年（1610）太监孙隆重修，并在峰顶建真武庙。崇祯六年（1633），文震孟在龙潭上建惟心阁。1926年，李根源见贺九岭庙尚有玄武、关圣、观音、玉持等殿，已半残破；并亲眼见当地人在贺九岭和象岭间演戏，围观者四五千人。后被拆，今重建。

岭上刻有"贺九岭""天养人"等大字。李根源于1929年留题记刻石："志载吴王登此贺重九，故以名岭云。腾冲李根源游山临此，住持道人蔡雍属书摩崖。民国十八年。"

山上有清代翰林院侍讲叶昌炽墓址。

相关诗文

登贺九岭
明　杨循吉

两山分一岭，左右望皆宜。
路作蛇形曲，峰为粉本奇。
对风吟口咽，惧客朽亭危。
不悟晴峰重，翻将雨兆疑。

崇祯《吴县志》

过贺九岭
明　文徵明

截然飞岭带晴岚，路出余杭更绕南。
往迹漫传人贺九，胜游刚爱月当三。
岩前鹿绕云为路，木末僧依石作庵。
一笑停舆风拂面，松花闲看落毵毵。

崇祯《吴县志》

题贺九寺
明　申时行

吴王昔日登高地，千载犹传贺九名。
不见旌旗疏辇道，尚闻岩谷应呼声。
莲峰静拭寒烟吐，岭树常衔夕照明。
寂寞山僧时倚杖，荒郊闲看鹿麖行。

康熙《苏州府志》

九日贺九岭初见霜叶
清　李果

山游无定所，深浅随处好。
俯仰意萧疏，登陟景绵藐。
参差木叶红，灼灼耀林表。
夕阳散余光，轻霞互缥缈。
因感节序流，转移乃不少。
古来登高人，变灭如过鸟。
荣好岂足恃，奄忽成丑老。
笑谓同游者，何如饮清醥。

《咏归亭诗钞》

再登贺九岭
明　毛晋

吴都山万叠，到处恣冥搜。
或方如屋架，或圆如笠浮；
或矗如老僧，或横如豪牛；
或高与天平，或坦同江流。
种种吐奇相，图缋难兼收。
吴王踞其胜，宫殿攒上头。
岁候七十二，一候一峰游。
兹峰宜重九，云辇驾苍虬。
左佩干将剑，右绾珊瑚钩。
箫声入青汉，响屧下重楼。
拜贺风雨集，欢声动九州。
繁霜不敢下，茱萸被林丘。
凭吊千载事，春谢复悲秋。
而今安在哉？夐然岩壑幽。
余能道前路，济胜从良俦。
拟身学狡兔，木末纷少留。
扪萝兴方剧，日夕未遑休。
松涛聒天响，能生听者愁。

《汲古阁集》

过元叹落木庵
明　毛晋

十年离旧榻，贺九又重登。
山翠连村合，花香绕屋凝。
寻僧过略彴，呼酒洗癯藤。
重觅题诗处，苔封厚几层。

《汲古阁集》

贺九岭晚归
明　释通润（一雨法师）

半月足未出，空林叶渐稀。
偶随秋草去，便趁晚云归。
路逼沙穿履，松明影照衣。
行行出山峡，已见竹间扉。

《吴都法乘》

上方山

位于苏州古城西南，石湖西北，南侧与吴中区交界。一名楞伽山，又名治平山、踞湖山。古时将上方山和西南接壤的七子山、吴山构成的山系，统称为横山，因其四面皆横而得名。山体垂直投影面积2.87平方千米，主峰海拔92.6米。其支陇东北有茶磨屿，东南有普陀岩（观音岩）。南为吴山岭。北为宝积山。东南麓为丁家山。向西延伸，另有尧峰、凤凰、姑苏、花园、福寿山等山岭。

上方山东临石湖，山水相依，唐代即为姑苏城外重要景区。历史上曾有著名八景：白云径、先月楼、盟鸥亭、楞伽塔、双泠泉、范公祠、治平寺、藏晖斋。

上方山林木葱郁，绿化率95%以上，1992年8月，被批准为国家森林公园。

山上遗迹众多。有楞伽寺、治平寺，前文已述。此外还有宝积寺、郊台、乾隆御道等。

宝积寺，位于治平寺南，隋大业四年（608）僧永光建，为当时石湖寺庙之冠。唐代即声名大显，白居易、许浑、皮日休、陆龟蒙等都曾登临题诗。明正德十七年

（1522），治平寺住持智晓在寺内建石湖草堂，以王宠为首的苏州文人在此结社建堂。文徵明题额"石湖草堂"，王宠书联"取静于山，寄情于水；虚怀若谷，清气若兰"。崇祯十年（1637），徐汧筑室于治平寺，40年后其子徐枋题额"思乐亭"。清康熙帝曾小住于寺内。乾隆帝南巡时在寺内建行宫，并题石湖草堂额。后渐废。今在其旧址建宝积泉景点。其旁原有明因院，已废。

郊台，位于上方山和茶磨屿之间，是吴王在郊外祭祀天地的场所。现剩一台状小丘。近旁有李根源所题"郊台"摩崖。

乾隆御道在治平寺前，自茶磨屿南下，蜿蜒至郊台，再沿岭而上至上方山上山路口，全长约1000米，以小砖、细石砖砌成，宽约1米，嵌麒麟、双钱、回字、蝙蝠、宝瓶、鱼形等吉祥图案。据传此道由修筑役夫万人在3天内修筑完成。

山顶有望亭湖，农历八月十八日夜，士民争相登此望石湖串月。

山周边有顾野王墓、申时行墓等大量名人墓葬。

相关诗文

题楞伽寺
唐　许浑

碧烟秋寺泛湖来，水浸城根古堞摧。
尽日伤心人不见，石榴花发旧歌台。
《石湖文略》

楞伽山
唐　张祜

楼台山半腹，又此一经行。
树隔夫差苑，溪连勾践城。
上坡松径涩，深坐石池清。
况是西峰顶，凄凉故国情。
同治《苏州府志》

拜郊台怀古
元　虞堪

吴王城外拜郊台，山色湖光共绕回。
终古翠华随水去，何年玉牒为天开？
斜阳一笛牛羊下，细雨千帆云鸟来。
忠死佞存骦霸业，登临不尽客兴哀。
《鼓枻稿》

楞伽竹下
明　王宠

林中开枕簟，苍翠画屏围。
山鸟时窥座，榴花乍点衣。
清风吹洞越，残露滴霏微。
猿鹤依然在，幽人胡不归。
《雅宜山人集》

早春游治平寺

明　沈周

山僧开寺放人游，回施湖光与醉眸。
知己二三无别客，梅花什伍拥轻舟。
馔添蔬笋劳供办，坐选岩林未罢休。
大抵四时春第一，况兼身在好苏州。

《横溪录》

吴山行

明　申时行

九月九日风色嘉，吴山胜事俗相夸。
阊阖城中十万户，争门出郭纷如麻。
拍手齐歌太平曲，满头争插茱萸花。
横塘迤逦通茶磨，石湖荡漾绕楞伽。
兰桡桂楫千艘集，绮席瑶尊百味赊。
玉勒联翩过羽骑，青帘络绎度香车。
影缨挟弹谁家子，趿屣鸣筝何处娃。
不惜钩衣穿薜荔，宁辞折屐破烟霞。
万钱决赌争肥羜，百步超骧逐怒骍。
落帽遗簪拚酩酊，呼卢蹋鞠恣喧哗。
只知湖上秋光好，谁道峰前日易斜。
隔浦晴沙归雁鹜，沿溪晚市出鱼虾。
荧煌灯火阛归路，杂沓笙歌引去槎。
此日遨游真放浪，此时身世总繁华。
道旁有叟长太息，若狂举国空豪奢。
比岁仓箱多匮乏，县官赋敛转增加。
闾阎凋瘵谁能恤，杼轴空虚更可嗟。
何事倾都溷丘壑，何缘磬橐委泥沙。
白衣送酒东篱下，谁问柴桑处士家。

《赐闲堂集》

茶磨屿

位于楞伽山东北,因三面临水、形如磨茶的磨盘得名,又名茶磨山、茶磨峤、磨盘山、茶盘山。东南麓有普陀岭,东面为石湖行春桥。

石佛寺,位于茶磨屿下,又名潮音寺、海潮寺、潮音禅院等,依茶磨山边的岩石造型,凿就一尊观音佛像,立于山崖裂隙间,俗称"石佛",寺因此名。始建于宋淳祐年间,由尧山主开山。后历经重修。清乾隆皇帝南巡至此,题写匾额"普门香梵",撰联"愿力广施甘露味,闻思远应海潮音"。他亲手题写的《观打鱼》刻石树碑,现仍存。20世纪80年代重修石佛寺,疏浚涧中淤泥,得石观音像,重新修补,恢复原貌。

相关诗文

过茶磊得风挂帆
宋　杨万里

两岸黄旗小队兵，新晴归路马蹄轻。
全番长笛横腰鼓，一曲春风出塞声。
鹊噪鸦啼俱喜色，船轻风顺更兼程。
却思两日淮河浪，心悸魂惊尚未平。
《姑苏采风类记》

茶磨峤
元　郑元祐

孤屿突苍翠，波环郁盘盘。
谁嗜先春味？当来制凤团。
《侨吴集》

石湖观音岩
元　陈基

补陀山枕海波宽，古洞谁移此地安。
岩下碧潭长浸月，云根瑶草不知寒。
栖篁鹦鹉呼人语，伏涧蚖蜒听法蟠。
嵚崎石桥方广路，也须一度恣盘桓。
崇祯《吴县志》

石湖
明　文徵明

石湖烟水望中迷，湖上花深鸟乱啼。
芳草自生茶磨岭，画桥横注越来溪。
凉风袅袅青蘋末，往事悠悠白日西。
依旧江波秋月堕，伤心莫唱夜乌栖。
《甫田集》

茶磨踏青作
明　王宠

茶磨山前水似苔，红妆队队踏青回。
衣香花气薰人醉，蛱蝶蜂儿扑面来。
《姑苏采风类记》

由横塘至茶磨岭下舣舟作
明　程嘉燧

横塘背城远，野平犹在望。
舟移桥屡转，叠岭非一向。
晚日倚茶磨，湖风落渔榜。
旦夕滞城郭，寄托欣所放。
真境自兹遇，疏襟未为旷。
《姑苏采风类记》

茶磨山
清　汪琬

众鲨吹波上绿蘋，恰逢三月石湖春。
期君共荡双兰桨，茶磨山前结比邻。
　　　　　　　　《姑苏采风类记》

茶磨山看枫叶
清　吴士缙

秋山明且翠，望望怡人情。
兴怀集良朋，鼓棹惬晨征。
断蓬何飘摇，沙渚残香蘅。
清波泛凫鸭，驯狎如素盟。
周折傍山麓，亦涌波涛声。
舍舟涉层冈，选胜地屡更。
忽逢赤城霞，遥疑驻丹旌。
叶叶含春阳，高下纷纵横。
天地惜穷秋，补此造物灵。
既瞻石湖广，还挹楞伽青。
湖山蕴奇秀，百壶莫辞倾。
尽日悦心目，醉者能复醒。
　　　　　　　　《横溪录》

题明人西山胜景书画合璧册·沈周茶磨屿
清　弘历

上方一带皆临水，浸入青山影漾流。
茶磨如询何代始，依稀鸿渐与名留。
　　　　　　　道光《苏州府志》

石湖棹歌（九十七）
清　许锷

快雪湖中亦大观，塔尖微露碧云端。
平铺石磴浑如粉，始信山名是磨盘。
　　　　　　　　《石湖棹歌百首》

横山

横山，位于石湖以北约5000米，京杭大运河以西约4000米。西临青石路，东临苏福快速路。苏白中"横""黄"音相似，故又称黄山。其山三峰高下相连，形如笔架，亦名笔格山。山体由燕山期的花岗岩浆上侵形成，主体几乎全为石英砂岩，西侧为花岗岩。主峰海拔96.6米，呈南北向展布，其余两峰分别是77米和54米。南北长1.3千米，东西宽0.4千米。植物丰富，白鹭翔集，生态环境良好。

据记载，王世充破刘元进，坑其众于黄洞，疑即此山。西山侧半山腰，有二石洞，深约三四丈，俗名虎洞。明代有人于此采石，故此地又称石荡。

山上原有法云寺，内有佛塔。陈国长公主及石驸马墓葬位于法云寺旁。今俱不存。

苏州烈士陵园，位于横山西麓，1956年建成，占地面积约9.37万平方米。2000年改建。为苏州市文物保护单位，江苏省、苏州市爱国主义教育基地。

黄山体育公园，位于横山东麓，占地面积约4.8万平方米，是集体育运动、休闲、文化于一体的开放式公园。

相关诗文

自横塘桥过黄山
宋　范成大

阵阵轻寒细马骄，竹林茅店小帘招。
东风已绿南溪水，更染溪南万柳条。
《石湖居山诗集》

和自横塘过黄山
明　吴宽

溪南万柳绿成湾，先陇频年抵暮还。
遥望松楸常洒泪，石湖诗里过黄山。
《匏翁家藏集》

秋泛
明　王鏊

笔格山前树作团，越来溪上水成澜。
秋风细雨横塘路，洗盏狂歌伍钓竿。
《横溪录》

湖上八绝句（其二）
明　王宠

星桥北挂泻春流，映出黄山水面浮。
霞石天青飞练鹊，桃花气暖醉轻鸥。
《雅宜山人集》

黄山
明　皇甫涍

兹岩亦幽胜，横亘西南天。
一径聊步趾，诸峰犹眼前。
湖波浩无际，云日争相鲜。
霞鹤粲霄色，松风清涧泉。
芳菲乱空翠，靡迤浮春烟。
迥瞰塔寺古，下窥楼堞妍。
近寻侈遐讨，投迹期忘年。
未事登名岳，俄然意已宣。
《皇甫少玄集》

登黄山虎洞过陈公墓
明 徐祯卿

盘盘蒸山麓，侧径频折旋。
山人引我去，云有古洞天。
石磴被蔓草，捫衣步相连。
果然见二窟，俯瞰临深渊。
悲风谷口起，绕视惟茫然。
旁有石短垣，佛像古且坚。
虎迹与兽蹄，隐现苍藓间。
荒山少居民，下惟陈公阡。
凛然发长叹，为我吊重泉。
《横溪录》

登黄山
明 袁袠

有客过我门，同闲西蹈青。
山盘数岭尽，路转万松深。
《横溪录》

横塘杂咏（选二）
民国 范广宪

卜宅黄山列岫岚，门垂碧柳影鬖鬖。
眼前景物皆试料，榜语分明意所妉。

黄山一角射朝暾，古冢还寻旧岁村。
芳草不愁春寂寞，有情驸马伴鸾魂。
《吴门竹枝词》

晋太元砖记

清　潘钟瑞

　　光绪丙子正月下旬，吾郡横山人锄地，于山之半忽穿一穴，俯视洞然，深广如穹宇，而破其顶者，穴旁之石因以下坠，遂可通人。梯而下，乃古墓也。（或云石户采石此山，凿破其上，豁如洞户。）山中人聚观之，传闻幽扃中闶棺尚未露（或云见朱棺三），外设石案，有香炉、烛台、盘碗等供，色皆黝黑，疑为金铁，叩之则炉缺，而知为瓷。盘碗亦瓷器，而质似砂。一时观者群集，诸物四散。又传有金钉、玉带版诸宝物，或云并瓷炉等件，亦未曾有，大抵传闻异词，付之子虚可也。惟取出圹砖上有款识，以示于人，好古者争购之，价为腾涌。于是城乡远近，观者踵相接。阅数日，山人苦其扰也，以土塞之。（或云邑尊亲往履勘，命吏封之。）然犹有乘夜潜入以取砖者。砖有太元年号。考前代以太元纪年者有三：吴大帝于后汉延熙十四年辛未改元太元，止一年。前凉张骏于晋明帝太宁二年甲申建号太元，凡二十二年，而立国西北，其砖不应来吴。惟东晋孝武帝即位之四年丙子改元太元，历二十一年。今出之砖，有四年、五年、八年、九年、十年不一，其为晋孝武时物无疑，然不知为何人墓。或云有碑可认，或云碑为苔蚀，不可椎拓。传闻之言，或称为晋司马超墓，或称为晋废帝海西公墓。考《晋书》列传，超为齐王同之子。淮南王允谋诛赵王伦，不克，死。同表请以其子超继允后，封淮陵王。同败，幽于金墉城，永兴初赦还，复封县王，仍为同嗣。光熙初，嗣齐王爵。及洛阳倾覆，没于刘聪，遂无后。审是，则司马超在西晋之末没入于北汉，未尝东迁，其墓不当在吴。又考《本纪》，废帝太和六年辛未十一月，桓温矫诏废帝为东海王就第，越明年，为简文帝。咸安二年壬申正月降封海西县公，四月徙居吴县。帝深虑横祸，安于屈辱，至孝武帝太元十一年丙戌十月甲申薨于吴，年四十五。史不言其葬所，即其徙居吴县凡十有六年而薨于吴，则墓当在吴，可知。又考，太元元年二月，皇后庾氏崩，七月葬孝皇帝后于敬平陵。帝既被废，未必能合葬于后陵，而此处凿山为墓，规模犹整大，但外无崇饰，颇有不封不树之意，想见当时之韬晦。且证以砖文，营葬时杂用前数年所造之砖，情事亦合。则谓为海西公墓，似可无疑。顾图经地志所不载，岂当时朝野讳之欤？抑后历安恭，而晋祚遂移，竟无人传之欤？案《通鉴》云，徙居吴县西柴里。今西柴里之名，不见于志乘，亦无能言之矣。砖质不甚坚致，碎缺者多，或云在阴幽处久，积湿致损，宜徐徐受风燥之；若曝以日，则立折。余所见皆太元九年八月一日作，横处有字，或曰钱十，或曰朱稚，或曰余十，或曰吴年作，盖造砖人名；一面又有二字，曰相虎。砖之有款识者，十仅一二云。

　　玉筍弟收得一方，为太元五年九月廿七日，其横处曰吉三平。

《香禅精舍集》卷八

石湖烟雨

　　石湖，位于横塘南，上方山东侧。相传春秋时吴越争霸，越军在此挖渠从水路进兵伐吴，见湖底皆石，故名"石湖"。南北长4500米，东西宽2000米，周围1万米，面积3.6平方千米。有越来溪穿湖而过，南接太湖，北汇胥江，流入苏州市区。越来溪东西两侧分别筑有两相对垒的"越城"和"吴城"。溪之西南，相传有吴王筑以养鱼的"鱼城"。该地区系苏州著名的新石器时代的古文化遗址之一。清乾隆帝六下江南，六至石湖，并留有诗篇。

　　石湖周边现辟为石湖风景区，包括上方山国家森林公园、上方山动物园等。内有范成大祠、行春桥以及渔庄等文化古迹。

　　石湖别墅，又名石湖精舍，在越城南，面对楞伽寺。为范成大归隐石湖后所建，孝宗御赐"石湖"两个大字。有北山堂、千岩观、天镜阁、玉雪坡、锦绣坡、说虎轩、梦鱼轩、绮川亭、盟鸥亭、越来城等胜景，尤以天镜阁为胜。明正德年间，御史卢雍在此筑有范成大祠堂，又称"范文穆公祠"，俗称"范公祠"，也称"石湖书院"。现存建筑为清同治年间重修。范公祠的享堂寿栎堂内现有范成大《四时园园杂兴》书法真迹刻碑七块，

由卢雍募集刻碑。

渔庄，俗称余庄，由晚清举人、苏绣大师沈寿的丈夫余觉在天镜阁故址建立，占地面积约1500平方米，内有亭院、回廊、古桂、石榴，主厅为"福寿堂"。

行春桥，西接茶磨屿，为横跨石湖北渚的一座九孔石桥，俗称"小长桥""九环洞桥"。桥现长55.4米，宽5.2米，中孔高5.3米。南宋淳熙十六年（1189），知县赵彦真下令重修行春桥。明洪武七年（1374）坍塌四孔，苏州僧人善成募捐修复。万历十年（1582），知县傅光宅重修。崇祯间前兵部尚书申用懋重修，改增石栏。后屡有修建。1949年，国民党军队撤退时炸去桥东四孔，1953年修复。后屡有扩建修复。20世纪80年代，修复行春桥及毁坏的石狮，勒石《重修行春桥记》。

苏州人有农历八月十八日夜观"石湖串月"的习俗，也称"走月亮"。该风俗大约始于元代，明初成型。据称，每年农历八月十七夜至十八日凌晨，月光初起，月影映入行春桥九孔桥洞，可见一洞一月，称为"石湖串月"。届时，不仅苏州城区市民倾城而往，还有人远从常熟、吴江以及无锡等地赶来看"石湖串月"。

相关诗文

初归石湖
宋 范成大

晓雾朝暾绀碧烘，横塘西岸越城东。
行人半出稻花上，宿鹭孤明菱叶中。
信脚自能知旧路，惊心时复认邻翁。
当时手种斜桥柳，无限鸣蜩翠扫空。
《姑苏采风类记》

从范至能参政游石湖精舍，坐间走笔
宋 杨万里

震泽分波入，垂虹隔水看。
何须小风起，生怕牡丹寒。
政坐诸峰好，端令落笔难。
催人理归棹，落日许无端。
《姑苏采风类记》

除夜自石湖归苕溪（其一）
宋 姜夔

细草穿沙雪半销，吴宫烟冷水迢迢。
梅花竹里无人见，一夜吹香过石桥。
嘉靖《吴江县志》

渔庄村店图
明 沈周

渔庄蟹舍一丛丛，湖上成村似画中。
互渚断沙桥自贯，轻鸥远水地俱空。
船迷杨柳人衣绿，灯隔蒹葭火影红。
全与我家风致合，草堂亦有此渔翁。
《佩文斋书画谱》

满庭芳·游石湖和天全翁游天平山韵
明　文徵明

岸柳霏烟，溪桃炫昼，时光最喜春晴。
蜂喧蝶煦，况是近清明。
漫有清歌送酒，酒醒处，一笑诗成。
春烂熳，啼莺未歇，语燕又相迎。

向茶磨山前，行春桥畔，放杖徐行。
喜沙鸥见惯，容与无惊。
不觉青山渐晚，夕阳天远白烟生。
非是我，与山留恋，山亦自多情。
　　　　　　　《国朝诗余》

石湖
清　彭启丰

浮舟西郭外，一鉴石湖秋。
塔耸楞伽寺，桥通震泽流。
柳阴犹宿鸟，鱼网不惊鸥。
参政名常在，磨崖两字留。
　　　　《苏州名胜图咏》

石湖
清　徐崧

扁舟偶过石湖边，处处来游任客缘。
日午高僧分钵饭，月明古佛对床眠。
烧香殿驻青丝马，啜茗林烹碧涧泉。
耳目一时潇洒绝，并无寂寞与喧阗。
　　　　　《百城烟水》

游石湖记

元 杨维桢

苏名山水,其魁者夫椒、震泽,其次虎丘、剑池、灵岩、天平、石湖、楞伽诸山也。白乐天守苏,于虎丘一月一游,至连五日夜遂游太湖不以为过。以乐天之官守不为文法窘束,而肆志山水之乐如此,矧无窘于文法者乎?吾党之将侍命匹挟乎女伶,如容满蝉态以迹夫乐天氏之游者,又何过乎?至正七年三月三日,予既得与吴中张景云而下客凡十一人,越十有五日,又得与吴中顾伯敏、张仲简、西夏高起文、张俊德游石湖诸山,一月载游,于乐天迨若过之。朝步自鹊桥,过百花洲,登始苏台,予赋诗台上曰:"横洲草色绿裙腰,台上春泥径已消。只有越来溪上水,声声犹带伍胥潮。"仲简和云:"梁燕低飞妒舞腰,春洲寂寂百花消。扁舟不见鸱夷子,空使江城响怒潮。"午登舟盘门下,主人以腒脯饭客梁粲。仲简出礼部韵征联句,而卖讴者来,曰周碧莲氏、张锦锦氏。笙师周子奇出十二簧和讴者。主曰:"笙歌麻沸,今生活姑置。"遂割羔传酒令行觞。过横塘,至石湖,欲抵绿庵,石尤风急甚,回舟泊行春桥下,换舆登上方五王祠,少歇楞伽寺。寺僧晚堂领客观冽泉,登西崦石坛酌酒,偕至五王所,晚堂云:"吴王拜郊台址也。"诵唐贤许浑诗,且索予诗。予遂和浑诗曰:"五茸青草野麋来,城筑金锥亦已摧。白发老僧谈故事,五王宫殿是郊台。"仲简和云:"湖上春云挟雨来,楞伽山木尽低摧。吴王废冢花如雪,犹自吹香上舞台。"少时微雨东来,急返舟次。主再治酒舟中,杯行无算,以各阄果令为多少饮数,予于客年最高而饮量最少,辄颓然醉去。酒散,子奇出纸,请客求赋玉笙乐府,明日予为补《玉笙谣》一首云云,且书遗仲简同赋。是岁丁亥三月十九日辛酉,会稽杨维桢述。

《全元文》卷一千三百三十四

游石湖记

明 丁奉

唐玄宗以鉴湖赐贺知章,宋孝宗以石湖赐范成大,卒使二臣益高而二湖益胜,乐恬退者,千古荣之。然贺子晚节放诞,乞为道士;范公出使金房,濒死不屈,其优劣固有定论。况范公吾乡贤,石湖吾乡境,则吾吊访之道,讵不有推先者乎?嘉靖丙申三月四日,予游玄墓,还舟至横山,谒公祠宇、塑像。乃散步行春桥,探楞伽寺,登上方之一峰,瞰石湖之万顷。因念公参相早休,诗文名世,凡此中物景,皆幸遭公珠玉矣,愚安能复有作乎?于是掷杯舐笔,但记吾谒公之自。

《南湖先生文选》卷七

游石湖小记
明 李流芳

予往时三到石湖，游皆绝胜。

乙亥，与方孺冒雨著屐，登山巅亭子，贳酒对饮，狂歌绝叫，见者争目摄之。

去年，与孟阳、弱生、公虞寻梅到此，遍历治平僧舍。已，登郊台，至上方绝顶，风日清美，人意颇适。

九日，复来登高，以雨不果登。放舟湖中，见烟樯雨楫杂沓而来，举酒对之，亦足乐也。是日秋爽，伯美、舍弟辈俱有胜情，由薇村至上方，复从郊台、茶磨取径而下，路傍时有野花幽香，童子采撷盈把。落日泊舟湖心，待月出方命酒，孟阳、鲁生继至方舟，露坐剧饮，至夜半而还。盖十年无此乐矣。

《檀园集》卷八

石湖行春桥串月
清 袁学澜

行春桥在茶屿山下，跨石湖上，与越城相近，有石洞十八，亦名小长桥。长虹卧波，空水映发，渔樵往来，如行图画。吴台越垒，错置其间，高浪危风，喷薄其下。八月十八夜，吴人于此串月，画舫徵歌，欢游竟夕。金轮激射，玉塔倒悬，摇漾沖瀜，九光十色。旧俗，串月多泊舟望湖亭。今亭已倾废，画舫楼船，仅借串月之名，日间遂游山水，金乌未坠，便已辞棹石湖，争泊白堤，传觞醉月矣。

（按，石湖在楞伽山下，太湖之一脉也。界在吴县，有茶磨诸峰映带，颇为绝胜。相传范蠡从入五湖处。《百城烟水》："八月十八日，群往楞伽山望湖亭，看串月为奇观。"褚人获《坚瓠集》云："从宝带桥外出，数有七十二，此横说也。或云，从葑门外饶溪港，光影相接，望如塔灯，此竖说也。然亦如何閦佛国，才一现耳。"邵长蘅《冶游》诗："十八楞伽山，湖亭待串月。"尤西堂诗云："常是携儿看串月，行春桥畔听吹箫。"盖是时游客，皆泛舟石湖也。土人云："二月十八夜亦见串月。"又云："郡城眼目司堂前桥中，亦可看串月之影。"沈朝初云：行春桥跨石湖之上，八月十八日，月光初起，入桥洞中，其影如串。或云：十八夜串月，从上方塔铁练中看出，是夜月之分度，适当铁练之中，倒影于地，联络一串。俗又传：葑门外澹台湖宝带桥，亦有串月之说。顾终以石湖行春桥为正。）

《吴郡岁华纪丽》卷八

运河流芳

京杭大运河始建于春秋时期，目前已是世界文化遗产，也是全球最著名的人工运河之一，而苏州的江南运河是其重要源头。大运河狮山商务创新区段是京杭大运河的重要组成部分。为弘扬运河文化，苏州市政府2021年初举全市之力推出"运河十景"。"枫桥夜泊""横塘驿站""石湖五堤"3个项目的入选，充分展示了大运河狮山商务创新区段的重要文化价值和旅游价值。

公元前495年，吴王夫差为北上争霸，下令向北开挖运兵河道。河道从苏州古城西北北上，折而向西，经过枫桥继续向西，穿过无锡再向北推进，直达长江南岸。这段运河被称为江南运河，是京杭大运河的源头。

大运河枫桥段曾长期是苏州城区西北咽喉。历史上，大运河河水自北而下，流经枫桥再折向东北，经苏州城内顺环城河南下，往来商旅都须从枫桥出入苏州城内。随着河上货物流通加剧，船体不断增大，为保护古城区，1955年，由苏州市政府主持，在大运河枫桥处向南重新开浚运河1360米，直达横塘，接通胥江。1987年，又从横塘开挖运河9300米直到宝带桥。自此之后，京杭运河上的大型船只全部从枫桥行经狮山、横塘，再折而向东驶进古运河。

这条从枫桥到横塘的新开运河，成为苏州古城与狮山商务创新区的分界线。

2500多年的历史，在大运河狮山商务创新区段两岸留下大量著名文化遗存。

十里亭。大运河从浒墅关向南流经十里，进入枫桥段。有亭，名十里，位于射渎口董公堤关帝庙左。始建于明代。乾隆四十八年（1783）农历六月十四日塌圮。乾隆五十一年（1786），由当地绅士和浒墅关榷署官员共出白银300余两重建。十里亭坐西向东，单檐歇山造型，花岗石质。亭阔3.5米，进深3.8米。亭中立《浒墅关修堤记》碑，高达3米。吏部尚书、首辅申时行撰文，江西巡抚杨成书毫，翰林院侍读学士韩世熊篆额。清乾隆南巡时曾在此驻跸。

枫桥，位于大运河从董公堤南行1万米处，东堍离寒山寺仅百步之遥。为横跨古运河的单孔石桥。始建时间无考，清同治六年（1867）重建，全长39.6米，中宽4.4米，跨度10米。据说，枫桥原名封桥，因其跨于运河漕运航道之上，夜晚需封锁航道，因此得名。唐代诗人张继经过此地，写下《枫桥夜泊》一诗后，封桥逐渐被称为枫桥。历史上，大运河至此折向东流抵达阊门沿护城河南下。1955年后，运河一支从此向南流向横塘，并在寒山寺西侧分为两支，两支水流间有狭长小岛，称江枫洲。

枫桥米市。历史上，因枫桥离城区仅五六里，客商经运河出入苏州，首选停驻此地，运河两岸店铺林立。在明代，枫桥已成为米豆、丝绸、布匹、茶、竹、木等商品的集散地。一时间河上航船"舳舻衔尾"，沿岸米豆如"云委山积"。最盛时，仅米行就达到200多家，使枫桥成为全国最大的米豆集散中心。枫桥米市现无存。

横塘驿亭，位于大运河经枫桥向南约1000米处。为京杭大运河沿线为数不多的水陆两用驿站，也是苏州仅存的邮驿遗迹。是古代官府传递文书和官员往来歇宿之所，也是商船停靠补给之地。建筑年代不详，有专家推断可能建于宋代。驿站坐北朝南，左右分别是京杭大运河和胥江。现存驿亭为亭子形状建筑，略呈长方形，南北深5.5米，东西宽4.2米。亭墙里共砌有9块碑刻，记述了同治年间以来几次修葺情况。现为江苏省文物保护单位。1990年，邮电部发行J174M纪念邮票小型张，图案即为横塘驿站旧址，为我国邮票上首次出现古驿亭。

彩云桥，离横塘驿亭数米，横跨胥江上，为三孔石桥，全长56.6米。始建于明洪武年间，因横跨彩云港而得名。嘉靖末年曾倾圮，万历元年（1573）重建。1992年，大运河拓宽，位于运河西侧的彩云港被并入，彩云桥迁建于胥江之上。

横塘桥，也称普福桥，因其桥顶建亭，俗称亭子

桥。始建年代不详,明洪武二十年(1387)、明万历二十三年(1595)、清康熙四十七年(1708)、清乾隆四十三年(1778)等年份重修。明代状元文震孟、清代状元彭定求分别为作《横塘普福桥疏》《重建横塘普福桥记》。文震孟、赵宧光分别为其题额"普福桥""横塘渡"。1969年,因拓宽航道,横塘桥被拆,在原址重建钢筋水泥桥,仍名横塘桥。1991年再度被拆。后在原址向北100余米处重建,挂"亭子桥"牌匾。2004年被货船撞毁,未重建。

　　石湖五堤。大运河一路向南,在离横塘驿亭约1000米处,再次分为两股水流,一股折向东方汇入主河道,另一股继续向南,通向石湖。石湖中有五座著名堤坝,共同构成苏州"运河十景"之一景"石湖五堤"。五堤为吴堤、越堤、杨堤、范堤、石堤,它们将石湖域划分为三部分。其中,吴堤和越堤分别纪念古吴国和古越国,杨堤和范堤分别纪念杨素和范成大,石堤则以石湖命名。吴堤全长约2000米,是石湖最长的堤岸。石堤与吴堤相连,为西石湖和南石湖的分界线,双面临水,堤上有百狮桥,共19孔,桥两侧有126只形态各异的狮子。越堤在石湖中部,分石湖为东西两部分。范堤上有"四贤游湖"和"吴越潮音"景点,四贤指南宋四大诗人范成大、杨万里、陆游和尤袤。杨堤长1200米,上有绮亭桥,为石湖内唯一带有亭子的桥。

相关诗文

枫桥夜泊
唐 张继

月落乌啼霜满天,江枫渔火对愁眠。
姑苏城外寒山寺,夜半钟声到客船。
《姑苏采风类记》

枫桥
唐 张祜

长洲苑外草萧萧,却算游城岁月遥。
唯有别时今不忘,暮烟疏雨过枫桥。
《吴都文粹》

宿枫桥
宋 陆游

七年不到枫桥寺,客枕依然半夜钟。
风月未须轻感慨,巴山此去尚千重。
《吴门补乘》

枫桥
宋 范成大

朱门白壁枕弯流,桃李无言满屋头。
墙上浮图路傍堠,送人南北管离愁。
《石湖居士诗集》

青玉案·横塘别墅
宋 贺铸

凌波不过横塘路,但目送、芳尘去。锦瑟年华谁与度,月楼花院,绮窗珠户,惟有春知处。

碧云冉冉蘅皋暮,彩笔空题肠断句。试问闲愁知几许,一川烟草,满城风絮,梅子黄时雨。

道光《苏州府志》

晨炊横塘桥酒家小窗
宋 杨万里

饥望炊烟眼欲穿,可人最是一青帘。
双渠走水穿三店,独树敲流荫两檐。
窗扇透明仍挂上,炉香未尽又多添。
山中只苦无良酝,嫌煞芳醪似蜜甜。
《姑苏采风类记》

枫桥送丁凤
明　高启

红叶寺前桥，停君晚去桡。
醉应忘世难，归不计程遥。
山隐初沉日，风吹欲上潮。
离魂来此处，还似灞陵销。
民国《吴县志》

横塘
明　吴宽

夏半横塘风日多，画船载酒压晴波。
高田得雨皆粳稻，长荡翻云尽芰荷。
未必他年成故事，也须随处结行窝。
悠悠十里城西路，此是登山第一歌。
道光《苏州府志》

泛横塘
明　沈周

船到横塘酒再沽，庖人烹出四腮鲈。
好山尽在西南上，一路推篷看画图。
《横溪录》

菱
明　徐鸣时

《苏志》：王氏《武陵记》云，两角曰菱，四角、五角曰芰。叶似荇，白叶亦实，其华昼合宵炕，随月转移，犹葵之随日。镜谓之菱花，以其而平，光影所成也。出横塘支浜中，色淡，带绿白，俗名馄饨菱，取其形似之也。

《卢志》：南北溪诸港多白色者，惟湾潭一种，自古窑荡来，色红而大，味亦甘脆，今名哥窑荡。古、哥，音类也。西南隅三家村多此种。
《横溪录》

后 记

苏州古城西部，千年运河之畔，是一块人杰地灵、人文荟萃的宝地。先辈们在此留下了丰富的文化遗产，这里有越城、茶店头、治平寺等古文化遗址。京杭大运河、胥江、石湖、枫津河等湖河在这里相连。自古以来，这里是文人骚客的驻足之地，留下了众多脍炙人口的诗文名篇。

为了全面、客观、精确地彰显苏州狮山商务创新区蕴藏的历史文化和人文精神，我们通过出土实物、文化遗址、历代书画、山水典故等多重视角，深入挖掘并诠释这方土地蕴藏的历史文脉。一年多来，编撰组查阅了大量的文献资料，走遍了辖区内的山林河湖、塔寺摩崖、文保单位和其它文化遗存点，走访了文博工作者和各地的乡村贤达。随着编撰工作的深入，编撰组仿佛打开了一座琳琅满目、传承有序的文化宝库。这里蕴藏着丰富的古文化遗址，这里出土了各历史时期的珍贵文物，这里有受人敬仰的历史名人，这里有美名远扬的诗词美文，这里有吴越争霸的鼓角争鸣，这里有广为流传的民间传说。另外，为保持地方文化的系统性和延续性，本书收录了部分与苏州狮山商务创新区地域相邻、文脉相通、关联较大的文化遗产和山林河流。

在如此丰厚的文化遗产面前，理应感到无比自豪与荣光。我们有理由相信，通过当前的文化挖掘和梳理，并做好文化传播和活化后，必将增强广大市民群众的历史认同感和文化自豪感。让优秀的传统文化发挥时代价值，让这方土地上的文化更加根深叶茂、绚丽多姿，充分激发文化潜能，提升区域美誉度，促进经济社会高质量发展。

在编委会的指导下，在相关部门、单位的帮助下，《狮山文粹·文化遗产卷》终于编撰完成并要出版发行了。在撰写此书的过程中，我们得到了苏州博物馆、苏州市考古研究所、苏州高新区文化体育和旅游局、吴文化博物馆、苏州高新区地方文化研究会等单位的大力支持，众多文史专家和摄影家提供了宝贵的文献图片资料，他们的帮助对编撰工作起到了积极的推动作用。在此，对所有支持和关注本书编撰的各单位、社会各界人士表示衷心感谢！

编　者

2024年9月28日